보수의 몰락

'No 보수'의 탄생

보수의 몰락

김종훈 · 육덕수 지음

'No 보수'의 탄생

미래__H

보수, 그냥 싫어서

한국이 싫어서

이승만, 박정희, 전두환이 싫어서

한나라당이 싫어서

새누리당이 싫어서

미래통합당이 싫어서

이명박, 박근혜, 진짜 싫어서

그냥 싫어서

보수, 마냥 싫어서

게임의 룰(규칙)은 간단하다. '싫어서'라는 단어 앞에 보수와 연관된 단어를 넣으면 된다. 미움 받는 것은 쉬운 일은 아니다. 이분들은 미운 털이 보통 단단히 박힌 것이 아니다. 요즈음 한국 사회에서 보수 정치인에 대한 감정은 혐오증에 가깝다. 보수 정치 혹은 보수 정치인이라고 하면 머릿속에 연상되는 "너~무 싫어"라는 조건 반사. 누가 '파블로프의 개' 실험을 한 것도 아닌데 대뇌의 뉴론 세포는 번개같이 연산을 끝내놓고 있다. 이렇게 해도 저렇게 해도 답은 늘 똑같다. '보수 그냥 싫음'. 인터넷 뉴스 화면에 '정치인 비리'라는 글자만 봐도 보수가 떠오르고, '검찰'이란 두 글자만 봐도 보수의 음모라는 투 톤의 우울한 음영이 생기는 건 시쳇말로 우리가 '민', 즉 예민해서만은 아닐 것이다.

보수는 낭떠러지에 섰고 진보는 100년을 꿈꾸고 있다. 진보 뉴노멀(New normal, 시대 변화에 따라 새롭게 떠오르는 기준과 표준을 뜻하는 신조어)의 시대, 한국의 정치는 주도 세력이 완전히 바뀌는 새 국면으로 접어들었다. 보수의 몰락과 진보의 압승 이면에는 새로운 사회 변화가 있다. 21대 총선에서 진보 진영의 전략이 쌓아온 거대한 흐름이 보다 확연해졌다.

진보는 무엇을 해도 면죄부를 받은 세력처럼 살아난다. 나열하자면 끝이 없다. 여론 조작 사건에 대통령의 최측근인 거물 정치인이 연루되고, 진보의 간판 잠룡이 성폭력 사건에 휘말리거나, 정치인의 불륜 행각 동영상이 떠돌아도, 정의와 공정을 외치던 장관 일가의 무수한 의혹이 일어나도, 청와대 출신 인사가 뇌물로 구속되어도, 서울 전역의 집값이 폭등하고 골목 시장 경기가 나빠지고 기업들에게 적신호가 켜져서 경제가 망가진다는 징조가 뚜렷해도, 심지어 진보의 정체성을 뒤흔드는 시민단체의 오랜 비리 의혹이 터져도 진보는 되살아난다. 더욱 강해진다.

보수는 왜 이리 지리멸렬한 것인가. 못 나도 이리 못 날까. 마음에 드는 구석이 하나도 없다. 한국의 보수 정치 세력을 이야기하면 가슴이 꽉 막힌 듯 답답한 점이 한둘이 아니다. 발밑에서부터 짜증이 솟구친다는 분도 있다. 자신은 이제 보수가 아니라 실용이라고 불러달라고 했다는 이야기도 주변에서 심심치 않게 들린다. 사석에서 만난 한 교수는 학생과 마주하는 강단은커녕 자식들 앞에서도 보수라는 단어를 꺼내기가 민망하다고 속내를 털어놓는다. 다들 보수를 떠나고 있다.

보수는 이제 회복 불가능한 오명이 된 상황인가. 추락하는 것은 날개가 없기도 하다. 보수 정치를 대표하던 정치인들이 가슴팍에 숫자 붙은 수의(囚衣)를 입고 한없이 멍해진 모습으로 TV에 오르락내리락 하는 것이 한국의 익숙한 일상이다. 한국 사회에서 70여 년을 주도 세력이었다는 보수 정치 세력은 누군가의 상투적인 비유마냥 선사시대 번성한 공룡이 얼어 죽었던 그런 수준의 빙하시대에 직면했다. 보수는 날이 갈수록 냉담해지는 민심 앞에서 생존의 위협감마저 느낄 것이다.

2020년 4월 15일, 민심은 "보수(당)는 보존하고 지킬 생각이 전혀 없어"라고 단정 지었다. 보수(保守), 보존하고 지킨다. 그런데 스스로가 사라지는 절체절명의 위기에 무엇을 보존하고 지켜야 하는가? 누군가가 탄핵 사태를 제대로 수습하지 못했기 때문이라고 목소리를 높인다. 귀가 솔깃해진다. 탄핵에 적극 찬성한 이력도 능사는 아니다. 어떤 정치인은 탄핵 초부터 당을 허겁지겁 뛰쳐나가 오랜 유랑 생활을 했다. 정당 간판 장사만 하다가 다시 돌아온 경우가 태반이다.

탄핵 국면 이후 넋 놓고 앉아 있었던 건 아니다. 3년 동안 보수는 신발도 벗고, 무릎 꿇고 빌어도 보고, 머리띠도 둘러보고, 단식도 해보고, 이당 저당 헤매기도 하고, 도망치기도 하고, 그렇게 오랜 시간 방황해왔다. 비상대책위원회를 수차례 꾸리고, 당명을 바꾸고, 색깔도 산뜻한 분홍빛으로 물들여 봤다.

선거를 앞두고 그럴듯한 판세 분석도 나오곤 했지만, 민심은 곤장을 내리쳤다. 누군가가 보수를 싹 지워버리려고 작정한 듯하다. 전쟁의 잿더미 속에서 한국을 세계적인 국가 반열로 올려놓았다고 자부하는 보수의 지지자들 입장에서는 이해 못할 긴 시간이 이어지고 있다.그래도 오늘 우리가 부인할 수 없는 사실은 이 지점이다. '보수가 몰락했다'는 너무 명백한 현실이다.

'코로나 대응, 재난지원금 살포, 보수 막말, 보수 무능⋯', 2020년 총선에서 진보 정당이 압승한 요인으로 거론되는 것들이다. 그러나 필자들이 내린 결론은 조금 다르다. 보수가 이기는 것을 너무나 싫어하는 거대한 집단이 있다는 것이다. 보수 정치인 스스로도 '영끌(영혼을 끌어도)'해도 앞으로 선거에서 이기지 못한다고 토로할 정도다. 한국 정치의 오늘과 미래를 이해하기 위해서 반드시 알아야 할 집단이다. 이들의 투표가 한국 선거를 흔드는 거대한 축이 되고 있다.

'보수는 그냥 싫어서'란 안티 팬덤 정서로 상징되는 이 집단은 보수 정치의 실패와 진보의 전략이란 축적 속에서 태어난 거대한 디지털 초자아다. 중요한 국면마다 나타나 힘의 균형을 진보 진영으로 돌린다. 현실 세계를 바꿀 수 있는 실질적인 힘을 가지고 있는 특별한 집단이다. 벼랑 끝에 선 보수가 보지 못하는 새로운 정치 현상인 것이다. 진보와 거대한 정치적 협업을 이뤄가고 있는 거대 집단이 한국 사회에 있었다. 진보 진영은 새로우면서도 압도적인 정치 집단과의 공조를 통해 오늘날 한국 사회를 이끌어가고 있다. 새 집단은 가장 강력한 정치 집단이라 평가받는 86세대보다 강력하다. 이 거인의 덩치가 너무나 커서 쉽게 보이지 않을 뿐이다.

그들이 한국의 정치를 뒤흔들고 있다. 유래 없이 독특한 집단인 이들을 'No보수'라고 부르기로 했다. 이들의 특징을 잘 설명해주는 작명이라는 데 많은 분과 의견 일치를 봤다. 한국 선거에는 기존 상식으로 쉽게 이해되지 않는 현상이 나타나기 시작했다. 존재는 하지만 확인되지 않는 우주의 암흑물질 같은 존재가 한국 정치에 나타난 것인데 갈수록 이들의 영향력이 강해지고 있다. 그럴수록 한국 정치에는 여러 미스터리한 현상이 생기기 시작했다.

보수의 상대인 진보 정치인도 가끔 이해할 수 없는 행동을 벌인다. 느닷없이 구한말 독립투사가 되기도 하고 울돌목에 선 이순신 장군이 되기도 한다. 고대 삼국시대 역사까지 현실 정치에 불러들인다. 입법 과정에서도 문제점이 뻔히 보이는 법을 무리해 통과시키기도 한다. 그런가 하면 진중한 이미지의 청와대는 쇼와 이벤트

보수의 몰락

정치에 심취한 것처럼 행동하기도 한다.

기회는 평등하고 과정은 공정하고 결과는 정의로운 사회가 아닌 것이 분명해도 문재인 정부와 진보 여당은 선거 때마다 승승장구한다. 문 정부와 진보 여당의 막강한 지지자는 누구인가. 정치 전문가는 물론 많은 이가 그들을 궁금해 한다.

이 책은 크게는 한국 정치에 출현한 새로운 정치 집단과 보수 정치의 몰락에 대한 이야기를 꺼내보고자 한다. 한국 사회 변화에 관심이 있는 시민에게 도움이 될 것이라 기대해 본다. 이 책을 계기로 새로운 논의가 활발하게 이뤄지길 바란다.

주변의 많은 지인의 조언이 큰 도움이 됐다. 책의 부족함은 모두 저자들의 부족함 탓이다. 많은 비판이 이어진다면 더욱 발전된 시각과 논리로 한국 사회와 정치를 이해하게 될 것이다. 연구소의 첫 저작이라 급하게 진행된 점이 있다. 내용이 다소 거칠고 부족하다고 하더라도 부디 끝까지 완독을 부탁드리는 바이다.

'롤러코스터' 한국 정치, 몰락한 보수가 다시 꽃 피울지 여부는 민심이 판단할 것이다.

2020년 6월

광화문경제사회연구소에서

김종훈, 육덕수

차례

Chapter 01

벼랑 끝에 서다

—— 어느 항구를 향하는지 모르는 이에게 순풍은 불지 않는다.

01.
보수가 보지 못한
유리천장

정치의 핵심은 정체성 싸움이다. 우리가 누구인지를 명확하게 하는 것이 무엇보다 중요하다. 정체성은 '이름'이다. 이름이 없는 정치인을 뽑기란 불가능하다. ○○○ 후보, 인지도가 있는 후보는 이름 세 글자로 끝이다. 정치는 누가 더 많이 지목을 받게 될까가 관건이다.

정치는 그래서 더 많이 관심 받기 위해 유세를 하고 정책을 만들고 이슈를 발굴해서 국민 앞에 발표한다. 이런 여러 몸짓이 모여서 이름이 된다. 정치인이 모인 집단인 정당에서는 확실한 이름을 만들기 위해 애쓴다. 이름 안에 많은 것들을 불어넣는다. 결전의 순간, 유권자가 정당 이름만 들어도 기호 X번을 연호하고 박수칠 수 있도록 노력한다. '너는 누구냐', '나(I)냐 아니면 너(You)이냐'가 바로 정치에서의 정체성의 싸움이다. '나'로 분류되는 이들은 '우리'이고, '너'는 '타인'이 된다. 시민은 특정 정치인이나 정당을 지지하면서 자신의 정치적 이름을 가지게 된다. 내가 타인을 싫어하듯, 정치 세계에서도 그런 현상이 생길 수 있다. 인간사의 희로애락(喜怒哀樂) 정서가 정치 집단에서도 그대로 재현된다. 정치인은 유권자를 자신의 편에 묶어 두기 위해 열심히 지지를 호소한다. 사랑받기 위해 노력한다.

우리가 알고 있는 간략한 정치 구조는 이 정도다. 현실은 더욱 까다롭다. 정보의 홍수 탓이다. 수많은 정치 메시지 속에서 정치 세력은 자신의 목소리를 유권자에게 정확히 전달하기가 어렵다. 지난 21대 총선에는 40여 개 정당이 참여했다. 비례대표 투표용지는 길이만 1미터의 절반에 달했다. 헌정 사상 가장 긴 용지라고 한다. 유권자가 관심을 기울여도 모든 정당과 후보의 메시지를 일일이 가려내고 정확한 가치를 판별하는 것은 어쩌면 불가능한 일일 수 있다. 주요 정당만 추려 정보를 취합한다고 해도 녹록하지 않은 일이다. 국회의원의 경우 300석(21대 총선: 지역구 253석, 비례대표 47석)을 두고 다툰다. 정치 집단인 정당이 유권자에게 전달하려는 '정치 메시지'가 넘쳐난다. 24시간 동안 정치 뉴스가 유권자를 향하고 있다. 유권자를 잡아라!

유권자 패러독스

유권자에게 메시지를 전달하던 정치인

보수의 몰락

과 정치 전문가는 선거 때마다 곤혹스러운 상황에 직면하기 시작했다. 유권자의 패러독스라고 부르는 상황들이 그것이다. 간단한 예를 들면 이런 것이다. 어떤 정치 집단은 유권자에게 오른쪽으로 쭉 가야한다고 반복해서 이야기했다. 그런데 유권자는 왜 느닷없이 왼쪽으로 달려가는가?

대중의 정치 심리를 이해하는 것은 마치 금고 자물쇠의 비밀번호를 푸는 것같이 어려운 문제다. 이런 패러독스 해결은 정치 집단이면 누구나 고민하는 문제다. 현실에서 많은 유권자가 특정 정치 집단이 보내는 메시지에 전혀 다른 행동을 보이기 때문이다. 반대 방향으로 움직이거나 혹은 아예 미동도 하지 않기 때문이다. 좀처럼 설득되지 않는 유권자에 대해 정치 집단의 고민은 깊다. 갈수록 멀어지는 유권자, 아예 외면하는 유권자가 생기는 것이 오늘날의 정치 현실이다. 사회과학이 발달하면서 우리는 '외면하는 유권자 행동과 심리'에 대해 이해할 만한 가설을 가지게 됐다. 인간의 뇌, 조금 더 말하자면 무의식적인 인지 체계에는 단단한 벽이 있어서 이 장벽을 통과하지 못한 정치 세력의 주장은 즉각 거절된다는 추론이다.

요즘 최신형 무선 이어폰에 달린 기능과 유사하다. 인간은 자신의 뇌 속 회로와 비슷한 기능을 최신형 이어폰에서 구현하고 있었다는 이야기다. 추론이 옳다면 우리의 뇌는 우리가 지지하는 정치 세력의 말소리와 주변의 소음을 구분해서 필요한 것만 머릿속으로 속속 전달한다. 시민은 특정 정치인이나 정치 세력의 주장을 선별해서 편파적으로 받아들이거나 그에 따라 행동하는 것으로 보인다. 같은 주장이라도 다른 정치 집단이 말하면 받아들이지 않는다. 특정 신호에 반응하는 '집단성', '집단 정체성'을 가지고 있는 것이다. 진영이 있는 것이다. 어느 진영의 주장이냐에 따라서 찬성하는 마음 100%가 되느냐, 또는 마이너스 100%가 된다는 것이다. 여러분이 이런 주장을 받아들이면 우리는 최근 일어나는 정치 현상을 이해하기가 조금 더 쉬워진다. 유권자는 자신이 지지하는 정당이 주는 메시지에만 반응하고, 반대로 자신이 반대하는 정당이 주는 메시지에는 귀를 닫아버리거나 때로는 특정 정당을 혐오하기도 한다.

보수 소음 제거 기능이
켜졌습니다

오늘날 보수 정당이 처한 현실이 바로 그렇다. 보수 정당이 무슨 이야기를 해도 도대체 호응이 일어나지 않는다. 소음 제거 기능은 첨단 이어폰에만 적용된 것이 아니었다. 보수의 정치적 구호나 주장이 제거할 소음 취급을 받게 됐다. 눈여겨봐야 할 것은 최근 일련의 선거 결과를 통해 드러난 표심을 단순히 살펴보아도 보수 정당에 대한 거부감은 상당히 깊고 넓은 수준이며 고착화되고 있다는 점이다. 보수가 전국단위 선거에서 진 것은 네 번째이다. 2016년 총선, 2017년 대선, 2018년 지선, 2020년 총선이다. '포스트 탄핵' 시즌에 치러진 3차례의 전국 선거에서도 완패했다. 결과는 참담했다. 사회과학에서 유명한 유리천장 이론이 있다. 눈에 보이지는 않지만 결코 깨뜨릴 수 없는 장벽, 관행과 문화처럼 굳어진 부정적 인식으로 만들어진 보수를 옥죄는 '유리천장'이 있다.

정치계의 유리천장이 무서운 이유는 엄연히 실재하지만 보이지 않기 때문이다. 보이지 않는 것, 알기 어려운 것, 그래서 무서운 것이다. 21대 총선 선거 유세를 경험한 보수 정치인은 보이지도 않는 유리천장이 너무나 강력하다고 호소한다. 잘 올라갈 것 같았는데, 어느 지점에서 무언가에 부딪혀 땅바닥으로 추락했다는 것이다. 어디에 유리천장이 있는지 알 수 없다 보니 제대로 움직일 수 없다고 하소연한다. 보이지 않는 벽에 진로가 막힌 보수 정당은 갈팡질팡하고 있다. 갑론을박은 더욱 심해지고 있다. 배가 산으로 가게 된다.

> "이미 선거 지형이 바뀌었고, 보수는 아무리 '영끌(영혼까지 끌어모으기)'을 해도 (대선 당선권인) 40%를 못 넘는다." [001]

보수가 보지 못하는 거대한 지형은 무엇인가. 2020년의 정치 현실에서 이 책은 출발해보겠다.

001 "보수는 사람을 안 키워… 영끌해도 40% 못 넘는다", 조선일보(2020.4.18)
　　http://news.chosun.com/site/data/html_dir/2020/04/18/2020041800051.html

02.
올드 보수,
콘크리트 벽에 갇혔다

콘크리트 지지층을 거들먹거리며 떠들던 시절이 있었다. 언론에서도 호들갑이었다. '자고 나면 세상이 바뀐다'는 한국에서 20~30%의 흔들리지 않는 절대적 지지층이 있다는 것은 정치 집단에겐 막강한 힘이었다. 아예 한국은 보수를 위한 '기울어진 운동장'이라는 분석도 나왔다. 보수를 지지하는 핵심 지지층이 워낙 단단하다 보니 각종 선거에서 진보 진영이 합종연횡을 이슈 선점에 성공해도 종국에는 패배할 수밖에 없다는 주장이었다.

게다가 진보 진영은 늘 분열하는 속성을 천성으로 타고났기에 보수 진영은 선거에서 지고 싶어도 질 수 없다는 오만한 분석도 나돌았다. 이제는 권력의 '올드 보이'가 된 보수의 오만한 시절 이야기다. 한때 '선거의 여왕'으로 불리며 팬덤 정치를 구가했던 박근혜 전 대통령의 경우가 콘크리트 지지층의 가진 대표적인 예로 거론된 때가 있다. 무엇을 해도 지지율이 40~50%를 유지한다고 하면서 나온 말이다. 박 정부는 임기 중반까지 순항했다. 적어도 전임 두 정부인 이명박과 노무현 정부와 비교하면 그렇다. 콘크리트 지지층이 왜 무너지지 않는가라는 관심이 쏟아질 정도로 임기 중반까지 상당한 지지율 랠리를 이어갔다.

질문: 박 대통령의 콘크리트 지지율 왜 흔들리지 않는 거냐?
답: "고정지지층이 워낙 견고하기 때문이다. 아버지 박정희 전 대통령의 후광효과와 영남 지역 그리고 60대 이상의 향수가 맞물리면서 고정지지층이 흔들리지 않기 때문이라는 것이 전문가들의 분석이다." [002]

시민이 상당한 지지를 보낸 것을 알 수 있는데, 여론조사에서 나타난 박근혜 정부를 지지하는 이유가 눈길을 끈다. 박 대통령이 '열심히 한다'는 것이 주된 이유였다. 박 대통령은 적어도 한동안 '국정을 위해 노력하고 헌신하는 믿음직한 대통령'이었다.

이들 '콘크리트 지지층'은 세월호 참사에도 메르스 사태에도 그리고 국정원의 대선개입이나 국회법 거부권 행사에도 불구하고 흔

002 대통령 콘크리트 지지율 왜 흔들리지 않나?, 노컷뉴스(2015. 8. 25)
     https://news.naver.com/main/read.nhn?oid=079&aid=0002742600l

들리지 않는다. 직무수행을 긍정평가 하는 이유도 '열심히 한다거나 노력한다'가 1위를 차지한다.[003]

박근혜 대통령도 임기 후반으로 향하면서 지지율 하락의 숙명을 피할 수는 없었다. 콘크리트도 서서히 부식되기 시작했다. 박근혜 정부 시절, 보수가 함락되지 않는 천혜의 요새가 됐다는 정치 분석은 과장된 것이었다. 박 정부 중반까지 그런 현상이 있었으니 '가짜뉴스'가 아니긴 했다. 한 치 앞을 못 보는 것이 정치의 세계다. 마천루를 쌓을 것처럼 언급되던 보수의 콘크리트층은 폭삭 내려앉았다. 웅장한 건축물도 기초가 부실하면 한순간에 부서지게 마련이다.

보수 세력이 바로 그런 격이었다. 영화 〈올드 보이〉의 명대사, "모래든 바위든 물에 가라앉는 건 마찬가지"란 말처럼 부서진 지지율은 박근혜—최순실 게이트를 만나자 순식간에 흔적을 찾기 힘들 정도로 침몰했다. 박 대통령이 기록한 최저 대통령 지지율 기록은 4%다. −96%의 지지율을 기록했다. 이는 IMF를 초래한 YS 정부 시절보다 낮은 수치였다.[004] 헌정 사상 가장 낮은 지지율의 오명을 남긴 것이다. 콘크리트의 무게로 눌린 보수. '민심의 무게'라

---

003 각주 002 참고

004 갤럽 "朴대통령 지지율 4%… 역대 최저 또 경신", KBS(2016. 11. 25)
    http://news.kbs.co.kr/news/view.do?ncd=3383613&ref=A

보수의 몰락

는 이야기를 정치를 접하다 보면 자주 듣게 된다. 탄핵의 겨울인 2016년 겨울, 보수에 대한 민심은 이보다 나쁠 수가 없었다. 당시 여론조사를 보면 20대와 30대는 압도적으로 보수 정당을 반대하고 있다. 여론 조사에서 20대 응답자의 99%와 30대의 98%가 보수를 반대했다. 나머지 연령대도 상황은 비슷했다. 가장 우호적인 연령대가 60대 이상이었는데, 보수 정당에 대해 9% 정도의 지지를 보였을 뿐이다. 보수 정당의 지지율도 역대 최저치를 갈아치웠다. 당시 새누리당은 10% 초반의 가장 낮은 지지율을 기록했다. 보수의 콘크리트 지지층이 있었는지도 기억조차 할 수 없는 상황이 전개됐다.

2016년 이후 반대의 현상이 생겨나기 시작했다. 진보에 대한 지지율이 굳건하게 유지되는 현상을 보이기 시작했다. 문재인 대통령의 지지율은 역대급 선전을 기록하고 있다. 21대 총선의 압도적 승리로 문 대통령의 지지율은 정치계에서 이야기하는 선거 승리−밴드왜건 효과(Bandwagon Effect, 편승 효과)를 타고 71%까지 지지율이 올라섰다. 집권 3년차 대통령으로는 역대 최고의 지지율을 구가하고 있다. 비슷한 시기에 다른 전임 대통령들은 모두 40% 초반의 지지율을 넘지 못했다.

보수 지지율은 콘크리트 벽에 갇힌 형국이다. 보수에 대한 국민적 여론은 언제 개선될 수 있을 것인가. 보수 진영이 국민적 비토(Veto)를 받으며 추락한 것도 박근혜 대통령 탄핵이 선고된 2017년

3월을 기점으로 보면 21대 총선을 기준으로 3년이 지나고 있다. 취약하기 그지없는 한국의 정치 구조를 고려할 때 많은 반전이 생겼을 수도 있는 시간이다. 100일 남짓이면 합법적인 절차에 따라 대통령도 탄핵될 수 있는 것이 한국의 정치 구조라는 점을 고려하면 3년이란 시간은 짧지 않다. 하지만 보수 정당은 2016년 어디쯤에 자리 잡고 있는 것 같다는 평가가 주류를 이룬다.

> 졌는데도 진 사람들 같지 않다. 네 번을 지고도 여전히 패배를 받아들이지 못하는 것 같다.[005]

보수가 아무것도 안 했을까. 보수는 그 사이에 당명을 자유한국당을 거쳐 미래통합당으로 두 번이나 개명하고, 당의 중대한 일이 일어날 때 만들어진다는 비상대책위원회라는 비상 체제를 수차례 가동했다. 보수당은 사실상 매년 비대위 체재를 보냈다. 2016년 4월 총선 패배 후 등장한 김희옥 비대위, 같은 해 12월 탄핵 국면에 출범한 인명진 비대위, 2018년 7월 김병준 비대위에 이어 21대 총선에서 참패한 보수 정당은 김종인 비대위를 출범시켰다.

냉담한 여론은 이제 보수 정당에 따라 붙는 익숙한 풍경이다.

---

005 이철희 "꿈·리더·품위 없는 '3無' 통합당… 당분간 선거 이길 생각 마라", 경향신문(2020. 5. 12)
      http://news.khan.co.kr/kh_news/khan_art_view.html?artid=202005120600025&code=910402#csidxbaaef
      675d6a290d808d60b486dfb5c2

보수의 몰락

선거 참패라는 나락에 떨어진 보수 정당에는 갖가지 숙제들만 쌓여가고 있다. 선거를 이끈 황교안 당 대표는 소리 소문 없이 퇴장했다. 보수 정당은 21대 총선에서 생환한 인물들로 새판을 짜야 하지만 그 과정도 국회의 역학상 순탄치 않아 보인다.

안 되는 집에는 되는 것이 없다. 뚜렷한 인물도 없고, 보수 정당에 대한 민심은 싸늘하게 식어만 간다. 민심은 계속해서 보수를 육중한 콘크리트 같은 무게로 짓누르고 있다.

03.
낭떠러지에 선 보수

21대 총선으로 진보 진영이 보수의 턱 아래까지 점령하고 들어섰다. 보수는 이제 막다른 곳이다. 전국적인 정치 세력으로 보수를 내세울 수 없는 절망적인 여건이 됐다. 보수의 배가 과연 12척은 남았는지도 가늠이 되지 않는다. 총선 결과로 보면 보수의 세력권은 영남 중심으로 축소됐다. 서울, 경기, 충청에서는 참패했다. 나머지 지역에서도 열세를 면하기 어려운 상황이다.

참패한 보수 세력은 여전히 둘로 나눠져 있다. 하나가 거세게 싸워보자는 강경론 진영이고, 다른 하나는 새로운 방식을 모색해보자는 진영으로 구분할 수 있다. 강경하게 싸웠지만 참패했고, '보수 세력을 바꿔보자'는 길은 아직 경로가 불투명하기 그지없다. 머리가 복잡해지는 지금이다.

무작정 싸울 것인가

2020년 총선까지 보수가 주류노선으로 선택한 것은 '거세게 싸워보자'란 기조였다. 탄핵 국면 이후 대통령 후보가 된 홍준표 전 대표 진영이 대표적인 세력이다.

> 하지만 지금 내 나라는 통째로 무너지고 있습니다. 북핵 위기는 현실화되었고, 민생경제는 파탄에 이르고 있습니다. 좌파 정권의 정치 보복과 국정 비리는 극한으로 치닫고 있습니다. 이제는 온 국민이 문재인 정권에 속았다고 합니다. 우리 당은 또 다른 위기를 맞고 있습니다. 대여투쟁 능력을 잃고, 수권정당으로 자리매김 하지 못하고 있습니다. 오히려 무기력한 대처로 정권에 면죄부만 주고 있습니다.
>
> 홍준표 전 대표, 출마선언문 [006]

황교안 전 대표도 홍 전 대표와는 성향은 다소 다르지만 명백한 주전론자였다.

> 한줌도 안 되는 일부 세력이 권력의 사유화를 넘어서 대한민국을 사유화하고 있습니다. 그 정점에 문재인 대통령이 있습니다. 지금

---

[006] 홍준표, 당 대표 공식 출마선언… "홍준표가 옳았다", 뉴스핌(2019. 1. 30)
  http://www.newspim.com/news/view/20190130000518

대한민국은 어디로 가고 있습니까. 대한민국의 입법 · 사법 · 행정 3권이 다 대통령의 주머니 속 공깃돌이 된 지 오랩니다. (중략) 문재인 정권의 핵심세력들이 여기저기 힘을 합해서 있어서는 안 되는 부정선거를 치렀습니다. 헌법이 무너지고 헌법이 무시되고 민주주의가 파괴 됐습니다.

황교안 전 대표, 출마선언문 [007]

홍준표 전 대표와 황교안 전 대표 체제로 대표되는 강경 주전론자(主戰論者)들은 그들이 책임진 전국 단위 선거에서 처참하게 패배했다. 홍 전 대표는 대통령 선거에 나서 득표율 24%로 역대 대선 최다득표율 차이로 패배했고, 지방선거에서도 완패했다. 홍 전 대표로부터 당권을 이어 받은 공안검사 출신의 황교안 전 대표는 보수 정치에서 보기 힘든, 진보 단체의 '길거리 투쟁' 방식을 차용하며 대여 강경론을 이어갔다.

"우리가 지금 몸을 던지는 것 말고 방법이 있나. 정치공학적인 것은 절대 아니다. 패스트트랙은 국가 시스템 기본에 대한 것인데 이렇게 하니 저항할 방법이 없어 극단적인 생각을 한 것 같다"라며 "누군가 나서서 온 몸을 던져서 투쟁해야 하지 않겠나. 야당 책

---

007 황교안 "종로, 반드시 정권심판 1번지 만들겠다", 뉴스1(2020. 2. 7)
   https://www.news1.kr/articles/?3836583

임자로서 늘 책임감을 느끼는 것"이라고 단식 결정 배경을 설명했다.[008]

황 전 대표는 삭발도 감행하고, 보수 정당대표로는 이례적으로 머리띠까지 둘렀다. 겨울날 청와대 앞에서 패스트트랙에 오른 선거법 개정과 고위공직자범죄수사처(공수처) 법안을 반대하며 단식을 하다 응급실에 실려 가기도 했다. 모든 선거에서 참패한 대여 강경론은 한계에 다다른 것으로 보인다. 본인이 단식까지 했던 종로구에서 출마한 황 전 대표는 상대 후보인 이낙연 전 총리에게 완패했다. 비단 황 전 대표뿐 아니라 전투력을 내세운 강경 보수 정치인들이 선거에서 참패했다.

보수의 강경 세력들은 초선이고 다선이고 상관없이 총선에서 추풍낙엽처럼 떨어졌다. 이들 의원 모두가 개개인의 부족함으로 총선에서 졌다고 하기에는 강경 보수 정치인의 집단 참패 현상은 뚜렷해 보였다. 보수의 대여 투쟁이 어딘가 잘못된 것 아니냐는 의문을 남긴 3년이 됐다.

왜 문재인 정부와 거세게 싸울수록 지게 되는가. 제대로 싸워온 것이 맞는가. 무엇보다 보수는 누구와 싸워온 것인가. 문재인 정부인가, 아니면 다른 보이지 않는 무엇과 싸워온 것인가. 앞으로

008 황교안, 오늘부터 무기한 단식 돌입… "총체적 국정실패 항의"(종합 2보), 연합뉴스(2019. 11. 20)
https://www.yna.co.kr/view/AKR20191120034252001?input=1195m

주전론을 내세우려면 보수는 누구와 대결하고 있는지, 그를 어떻게 이겨야 할지에 대한 확실한 대안을 내놓아야 할 것이다.

> 국민의 눈높이와 당원의 눈높이가 괴리가 커요. 전당대회 같은 데보면, 예전에 지난번 전당대회 때도 국민 여론조사에서는 오세훈 후보가 제일 높았는데, 50%가 넘었는데 35% 정도밖에 안 됐던 황교안 후보가 당원들의 압도적인 지지를 가지고 당 대표가 됐잖아요. 그때부터 이미 국민들 뜻에 맞지 않는 후보를 냈기 때문에 이런 결과가 초래될 수밖에 없는 상황, 당원들만 열광하는 상황이 됐던 거고… [009]

보수 명패도 버려보자

강경론자들의 잇단 참패, 그래서 고개를 든 보수의 세력이 있다. 이들은 보수 혁신론을 다시 내걸었다. 탄핵 정국에서 한때 나타났다가 주전론 계열과 함께 실패한 것으로 판명 난 '따뜻한 보수'와는 다른 계열의 혁신론이다. 4.15 총선 뒤 새롭게 출범한 김종인 비대위 체제가 시도하는 '보수 이념 탈피론'이다. 보수란 단어도 쓰지 말라는 이야기가 나왔다.

---

009 [여의도 사사건건] "샤이 보수가 10%? 엉터리!"… "국민이 '구설수 보수' 걸러줘", KBS(2020. 4. 17)
http://news.kbs.co.kr/news/view.do?ncd=4427134&ref=A

"김종인이 와서 보수라는 단어를 다 지워버리는 게 아니냐고 하는 데 저는 보수라는 말 자체는 좋아하지 않는다"며 "미래 통합당에서 지향하는 바 역시 실질적인 자유를 어떻게 구현해내느냐가 가장 중요하다"고 했다. 그는 또 "지난 2016년 더불어민주당에서 일할 때도 '무엇이 진보의 가치냐'라는 질문에 답변하지 못하더라"며 진보·보수라는 이념 논쟁에서 탈피해야 한다고 강조했다.[010]

김 비대위원장은 정책 능력의 극대화로 보수 진영을 새롭게 재편하겠다는 복안을 꺼내놓고 있다. 기존의 대여 투쟁에서 한발 물러서는 대신 보수 내부에 '정책'이라는 '메스'를 대겠다는 심산이 엿보인다. "실질적인 자유를 어떻게 구현하고, 물질적 자유를 어떻게 극대화해야 하는지가 정치의 기본 목표"라며 수술 방향을 제시했다.[011] 김 비대위원장은 "시비 걸지 말라"고 선을 그으며 반발이 예상되는 당내 주전론자들과는 각을 세우고 있다.

김종인 비상대책위원장은 "다소 불만스러운 일이 있더라도, 과거

010 김종인의 파격… '보수' 깃발 내리고 기본소득 화두 제시(종합), 이데일리(2020. 6. 3)
     https://www.edaily.co.kr/news/read?newsId=03653926625798112&mediaCodeNo=257&OutLnkChk=Y
011 김종인 "물질적 자유 극대화가 목표"… 기본소득 도입 군불, TV조선(2020. 6. 3)
     http://news.tvchosun.com/site/data/html_dir/2020/06/03/2020060390058.html

가치와는 조금 떨어지는 일이 있더라도 너무 시비 걸지 말고 협력해달라"고 당부했습니다.[012]

2012년 경제민주화라는 의제를 보수 진영에 이식하려고 했던 김 비대위원장은 이번에는 기본소득으로 대변되는 대규모 복지 개념을 제시했다. '대여 이념 투쟁에서 한발 물러서자'는 보수 비대위의 처방과 관련해 당내 정치 지형은 달아오르고 있다. 무엇보다 논란의 핵심은 '그래서 과연 보수가 이길 수 있냐'는 것이다.

"대한민국에 보수의 본류는 분명히 존재한다"며 "우리 당이 지향하는 방향은 보수에 중도를 더하는 확장의 개념이지, 보수와 단절하고 중도라는 제한된 영역을 얻자는 게 아니다"라고 주장했다.[013]

당장 '진보 정당 따라하기, 유사 민주당, 진보 2중대'로 전락할 것이라는 비판이 나온다. 무언가 불투명한 길이라는 여론도 일고 있다. 보수 정당 쇄신의 피로감이 누적된 탓도 크다.

012 첫 의총 참석한 김종인 "시비 걸지 말고 협력해달라", MBN(2020. 6. 2)
     https://www.mbn.co.kr/news/politics/4170497
013 김종인 기본소득 담론 전면전 '진짜' 이유는…, MBN(2020. 6. 4)
     https://www.mbn.co.kr/news/politics/4173699

"대한민국에는 이미 여러 개의 진보를 표방하는 정당이 있다. 유사 민주당, 심지어 유사 정의당을 만드는 것이 우리의 가치 지향점이 되어서는 안 될 것"이라고 호소했다.[014]

협력할 것에 협력한다는 것은 당연합니다. 하지만 지금 보수 정당을 바라보고 있는 국민은 그런 얘기를 기대하는 게 아닙니다. 어떻게 현 정권의 독주를 견제할 거냐, 왜 문재인 정부의 정책에 반대하느냐를 시원하게 말해줘야지요. 야당은 야당다워야지요. 2중대로 가는 것처럼 비쳐선 안 됩니다. 그건 야당의 죽음입니다.[015]

누가 옳은지 아무도 모른다. 주전론자들은 참패했으니 힘을 잃을 것이다. 그렇다고 김종인표 혁신이 모두 옳은가에 대해서는 이견이 있을 수밖에 없다. '싸울 것이냐, 물러나서 힘을 기를 것이냐'의 방법론으로 다투기 전에 중요한 것이 있다. 무엇을 위해 바꾸는가와 무엇을 바꾸는가를 알아야 한다. 그 다음에 어떤 상대와 대결하는지를 알아야 한다. 고개를 들어 먼 곳을 바라보자. 보수는 왜 지고만 있었던가. 무엇을 몰라 보수는 선거마다 번번이 진

---

014 장제원 "김종인 비대위, 유사 민주당 만드나?", 한국경제(2020. 6. 2)

015 "野黨은 野黨다워야… '정권 2중대'로 가는 것처럼 비쳐선 안 돼", 조선일보(2020. 6. 1)
     http://news.chosun.com/site/data/html_dir/2020/06/01/2020060100031.html

보 정당에 지고 있었나. 진보는 왜 그렇게 이기는가. 무슨 이슈가 터지면 왜 보수는 악재를 뒤집어 써야 하는 상황인가. 보수가 그렇게 싫다는 민심은 어떻게 만들어졌고 어떤 방식으로 움직이고 있는가. 그 원인을 찾아가 보겠다. 보려는 만큼 보게 된다. 우리는 더욱 정확하고 깊이 있게 보수의 몰락을 진단해야 한다.

Chapter **02**

거대 집단의
탄생

—— 내 그림은 모자를 그린 것이 아니었다.
보아뱀이 코끼리를 소화시키고 있는 그림이었다.
어른들은 항상 설명을 필요로 한다.

01.
새로운 이야기

이제부터는 새로운 이야기이다. 보수에 대한 이야기이기도 하고, 진보에 대한 이야기이기도 하다. 오늘날 한국에는 양대 정치 세력이 존재한다. 보수와 진보. 그런데 두 진영은 서로 너무 다른 존재들이다. 보수와 진보 정치인들은 같은 여의도 하늘 아래에서 살지만 그들이 살아온 방식은 다르다. 마치 다른 인종들이다. 화성에서 온 보수와 금성에서 온 진보처럼 말이다. 각자 다른 방식으로 정치라는 세계를 만들어왔다. 보수가 진보의 세계와 작동 방식을 모르는 것은 당연하다.

진보가 어떻게 그들의 세계를 구축해왔고 그들의 조직은 어떤 식으로 만들어졌으며, 시민사회 단체들과 진보의 제도권 정치인의 네트워크는 어떤 규모와 밀도, 동원력을 가지는지에 대해 보수 세력은 알 수가 없다. 보수는 또 진보가 어떤 식으로 외부의 지지층을 만들어내고 진보 진영으로 이끌어내는지에 대해서도 모른다. 보수의 지지층과 진보의 지지층이 반응하는 방식이 다르다. 문제는 보수의 지지층이 급격히 희석됐다는 것이다. 진보 진영의 방식이 더욱 강력해지고 있다. 진보는 완충지대를 넘어서 보수의 지지층까지 노리고 있다. 진보의 정치 전략이 성과를 본 것이다. 진보 집권기를 지나 재집권한 보수가 큰 실책으로 흔들리는 동안 진보 진영은 거대한 지지층을 만들어 권력의 기반을 굳건히 하는 데 성공했다.

세상은 하루가 다르게 변했다. 보수는 기존 공식으로 정치 활동을 해왔고 보수의 정치는 한계에 다다랐다. 보수 정치인은 영문을 모른다. 보수는 도처에서 '묻지 마' 차단을 당하고, 보수가 잔뜩 벼르고 시작한 진보 진영을 겨냥한 대국민 폭로전은 어이없는 실투처럼 스트라이크 존에 미치지 못한다. 보수의 칼에도 진보의 갑옷은 뚫리지 않는다. 보수의 예상은 보기 좋게 나가떨어진다. 보수 진영에 있는 이들은 이해할 수 없는 상황을 마주하고 있다. 21대 총선 결과를 살펴보자. 진보 진영에서는 정치 신인이 보수의 잠룡들을 진달래 꽃잎처럼 지르밟고 국회에 당당히 입성했다.

진보의 압승이다. 다윗과 골리앗의 싸움처럼 이변의 연속인데 민심은 그리 놀라지도 흥분하지도 않았다. 그냥 당연한 결과로 진보의 승리를 받아들일 정도로 담담했다. 21대 총선은 그만큼 진보의 우세와 보수의 필패가 예정된 드라마였던 것이다. 집권 3년이 넘어가는 정부에서 치러진 전국 단위의 선거에서 보수는 또 맥없이 나가떨어졌을까. 재집권한 진보 정부가 깃털만큼의 흠집도 없을 정도로 완벽하게 국정운영을 해와서인가.

진보 정부는 완벽하지 않았다. 오히려 정권의 지지율이 흔들릴 만한 간단하지 않은 정치적 악재들이 문재인 정부에서도 계속해서 이어졌다. 서울 수도권 일대 아파트 가격 급등과 소득주도성장 정책 논란 등의 경제적 이슈는 별도로 하더라도 말이다. 몇몇 주요 사건을 흐름을 보면 대형 악재에도 진보 진영에서 떠나지 않은 표심, 누가 보더라도 진보로 기울어진 민심이 보인다.

문재인 정부 주요 사건

❶ 안희정 전 충남지사 비서 성폭행 사건

친노 핵심이자 차세대 대권주자 0순위라 불렸던 안희정 전 충남지사의 성폭력 사건은 많은 시민들에게 충격을 안겨줬다. 체육계, 연예계, 예술계 등 사회 전반으로 성폭력 사건의 파장이 번졌지만, 문재인 정부나 진보 여당에 대한 비난 분위기로 향하지는 않았다. 보수 진영에서 비슷한 비중을 지낸 인사에게 유사한 성 관련 추문이 터졌다면 그 여파는 바로 보수 정당 전반으로 확산돼 당 전체를 휘청거리게 했을 것이 분명하다. 하지만 진보 여당이 사건과 관련돼 비판 여론의 직격탄을 맞거나 하는 수준까지는 사태가 확산되지 않았다. 안 전 지사가 더불어민주당의 유력한 대권 경선 후보였고, 진보 진영의 '오너'라는 별칭으로 불리는 유력 인사였으나 그의 사건은 진보 정권의 정국 운영에 큰 타격을 주지 않았다.

❷ 드루킹 댓글 조작 사건

포털 사이트에 킹크랩이란 컴퓨터 프로그램으로 댓글을 조작해 여론을 조성한 드루킹 일당. 17대 대선은 물론 수년 동안 진보 진영에 유리하도록 여론을 조작해온 혐의가 드러난 드루킹 사건도 예사롭지 않다. 진보 진영이 비판해온 국가 기관의 댓글 공작을 연상하게 하는 대의민주주의의 근간을 흔드는 범죄였다. 2018년 5월 국회에서는 '드루킹의 인터넷상 불법 댓글 조작 사건과 관련 진상규명을 위한 특별검사의 임명 등에 관한 법률'이 통과되기도 했다. 특검의 수사 결과 문재인 대통령의 최측근인 김경수 현 경남지사가 이 사건에 연루돼 징역형을 선고 받고 수감됐다 석방된 후에도 계속 재판을 받는 상황이다.

여론 조작이라는 정치적 사건의 엄중한 문제와 달리 대중은 이 사건을 잊은 듯해 보이기까지 하다. 드루킹 의혹이 한참 정국을 뜨겁게 할 무렵 김경수 당시 의원은 거센 반대 기류에도 경남지사 후보로 나서 보수 후보를 누르고 당선됐다. 경남지사에서 진보 정당에 소속된 후보가 당선된 것은 1995년 이후 처음이다.

❸ 조국 전 법무장관 일가 비리 의혹

문재인 정부에서 파장이 가장 큰 사건의 하나가 조국 전 법무장관 본인과 일가의 비리 의혹이다. 진보 논객, 정치 관련 인플루언서(Influencer, SNS에 강력한 팬덤을 가지고 영향력을 행사하는 인물 혹은 계정을 뜻하는 신조어)로 진보 정부 창출에 기여한 조 전 장관은 문 정부의 청와대 민정수석을 거쳐 법무장관에까지 오르게 된다. 윤석열 총장의 검찰은 조 전 장관 가족에 대한 각종 의혹에 대해 수사에 착수했고 조 전 장관 가족과 관련된 여러 의혹이 세간에 알려지게 된다.

조 전 장관의 자녀가 이른바 '엄빠 찬스'를 통해 학술 논문 저자 등재 등의 특혜성 혜택을 받고, 가짜인 것으로 의심되는 인턴 증명서 등을 진학에 사용했다는 의혹이 알려지자 교수 단체와 대학생의 항의 집회가 이어지기도 했다. 조 전 장관 아내는 자녀 입시 비리와 횡령과 자본시장법 위반 등의 혐의로 구속된 상태로 재판을 받기도 했으며, 조 전 장관도 장관직에서 물러나 재판 중인 상황이다. 이 사건 역시 조국 사태로 불린 충격파에 비하면 선거 국면에서는 정부와 진보 여당에 치명상으로 작용하진 않았다.

오히려 유권자들은 조 전 장관을 지키겠다고 나선 '개싸움 국민운동본부'(명칭이 거칠지만 실제로 존재하는 단체) 출신의 정치 신인 국회의원 후보에 대해 기꺼이 국회의 입성을 허락했다. 조국을 지지하는 정치 신인이 선거에서 이긴 상대가 보수의 다선 현역 의원이었다는 것은 이 시점에서 놀랍지 않은 일이다.

❹ 울산 시장 선거 개입 의혹

문재인 대통령의 30년 지기인 현(現) 울산 시장의 당선을 위해 청와대와 국가기관이 선거에 의도적으로 개입했다는 의혹도 언론 지상을 시끄럽게 한 정치 관련 주요 사건이다. 이 사건에도 대통령의 최측근의 이름이 수사 선상에 올랐고, 검찰은 일부 인사를 공직선거법 위반 혐의로 기소했다. 검찰은 또 청와대 민정비서관실, 반부패비서관실, 국정상황실 등의 대통령비서실 조직이 울산 시장 당선을 위해 동원된 혐의가 있다고 밝혔다.

이 사건으로 여론 지상에 여러 번 이름이 오르내린 사건 당시 울산 경찰의 최고위 간부였던 전 지방청장은 검찰 수사 속에서도 4.15총선에서 경찰직이 유지된 상태에서 국회의원에 당선되는 진기록을 세웠다.[016] 민심은 정권의 의혹을 가려내기보다는 진보 진영에 힘을 실어주는 쪽으로 흘러가고 있다.

❺ 그 외의 의혹

전 청와대 특별감찰반원의 폭로로 알려진 문 정부 환경부 블랙리스트 의혹, 청와대 특감반 민간인 사찰 의혹 등도 검찰이 직접 수사에 나서는 등 문재인 정부에 상당한 부담을 줄 수 있는 정치 사건이었으나 진보 정부에 대한 지지 흐름을 바꾸지는 않았다. 지금

---

016 의원인가 경찰인가… '황운하 이중신분' 논란에 警 '난색', 노컷뉴스(2020. 4. 20)
　　　https://www.nocutnews.co.kr/news/5330846

이 순간에도 진보 정부와 진보 진영의 숱한 흠결이 언론 지상을 장식하고 있다. 4.15 총선 직후 오거돈 전 부산시장의 성추행 사건이 터지고, 시민단체 출신의 비례의원이 위안부 피해자 할머니 후원금을 개인적으로 유용하거나 빼돌렸다는 의혹이 제기됐다. 그러나 바뀌는 건 없다. 문재인 대통령의 지지율은 여전히 압도적이고 진보 여당의 지지율은 고공행진하고 있다. 선거에 참패한 보수 정당의 지지율은 맥없이 떨어져 시민 10명 가운데 2명의 지지도 못받고 있다. 보수 정당의 내일이 보이지 않는다.

> (보수 정당이) 싫은 이유를 물으면 수백 가지 싫은 이유를 댈 수 있지만 사실 다 피상적이고, 그냥 싫은 거다. 감정이라는 건 이미지로 먼저 생기고 그 다음에 행동을 보고 싫은 이유가 만들어진다. 오래 보면서 우리 당에 대해 단기간에 씻어낼 수 없는 미운 감정이 쌓여 있는 것이다.[017]

'보수에 쌓인 미운 감정, 단기간에 씻어낼 수 없는 오래된 감정'. '믿고 싶은 보수=몰락한 보수'라는 공식이 나오게 된 셈이다. 유권자들은 왜 보수를 이렇게 미워하게 됐을까. 우리는 'No보수'라는 거대한 정치 집단을 만나고 있다. 이 집단을 이해하기 위해서는

---

017 김웅 "통합당 왜 이리 밉상 됐나… 공감 능력과 세대 교체 필요", 뉴시스(2020. 5. 1)
       https://newsis.com/view/?id=NISX20200429_0001010119&cID=10301&pID=10300

우리는 노무현-이명박-박근혜 시대를 거슬러 올라갔다 와야 한다. 노무현 시대부터 오늘날의 보수와 진보의 정치가 모습을 드러냈다.

'No보수'의 탄생

- 노무현, 미친 소, 세월호

보수 진영은 故 노무현 전 대통령이란 존재를 쉽게 잊어버린다. 노무현 전 대통령이 진보 진영의 거목이라는 사실을 망각한다. 보수 정치인이라면 왜 그가 진보의 거목인지에 대해 심도 깊게 생각해볼 필요가 있다. 노 전 대통령은 한국 정치 토양이라는 정치의 하부 구조에 엄청난 영향을 끼쳤다. 현재적 의미의 '보수와 진보'라는 제도권 정치 지형이 노 전 대통령에 의해 만들어진 양극화된 정치 생태계라는 점은 잘 부각되지 않는 면이 있다. 2020년의 보수는 노무현 전 대통령이 만든 정치 '매트릭스' 안에서 싸우고 있다.

❶ 노무현의 신세계–'보수 vs 진보' 갈등의 정치

지금의 보수와 진보라는 이념 정치 구도 속으로 한국 정치가 새롭게 재정립된 것은 노무현 정부 집권 5년의 결과물이다. 과거에도 보수, 진보라는 말은 있었으나 노 정부 이전의 보수와 진보는 엄밀히 이야기하면 권위주의냐, 아니냐의 대립 구도로 이뤄진 전혀 다른 성격의 정치 지형이었다. 모든 정치 이슈는 민주주의인가, 아닌가의 문제였다. 김영삼 정부의 하나회 척결로 대표되는 권위주의 청산 작업을 시작으로 한국의 정치 구도는 거대한 변화 기류 위에 섰다. 1998년 김대중 정부의 출범으로 권위주의 대 민주화라는 한국의 '오래된 정치 세계'가 대단원의 막을 내린다. IMF 체제가 던진 충격의 긴 여파로 급격히 바뀐 한국 사회를 김대중 정부에게 넘겨받은 노무현 정부는 오늘날의 보수와 진보라는 새로운 정치 세계의 시작점이 된다.

민주화 이후의 민주주의라는 시대정신이 요구한 새로운 '정치 지형'을 노 전 대통령은 만들고자 했다. 시대의 맏형이 되려고 한 것이다. 오늘날 우리가 눈앞에서 겪고 보는 '보수와 진보의 정치 세계'는 노 전 대통령이 기본 얼개를 프로그래밍한 정치 구도이다. 엄청난 시행착오에도 노 전 대통령은 자신의 생각을 관철시키려 했다. 노 전 대통령은 스스로가 정치판의 '돈키호테'였다. 노 전 대통령은 정치적 이상이 뚜렷했고 갖은 비판과 반대와 온갖 외면에도 이를 관철시키려 했다. 그는 그가 추구하는 정치 세계를 만들어내려 했다.

(지도자의 원칙에서) 진보와 보수도 아주 중요한 쟁점이다. 진영 간에 차이가 뚜렷한 것이기 때문에 이것이야말로 핵심 쟁점이 돼야 한다.

故 노무현 전 대통령[018]

노무현의 정치 실험은 당시에는 민심 이반과 소속 정당의 외면까지 불러왔다. 하지만 그 결과 한국 정치에 바로 정(正)-반(反)으로 움직이는 극단의 정치, 양자가 타협할 수 없게 되는 이념의 정치 세계가 모습을 드러냈다. 진보는 '정의'를 독점하려고 했고, 보수는 '악, 불의의 권력, 타도 대상'으로 그려지는 정치 세계가 만들어지고 있었다.

'권위주의'라는 선악을 가를 절대 명제가 사라지자 노 전 대통령은 진보 진영에 '정의'라는 기준점을 세우고 그에 반대하는 세력은 '불의'라는 프레임을 씌우는 정치 세계를 만들고자 한 것이다. 노 전 대통령이 소환한 보수와 진보로 대변되는 양극의 세계는 내재적으로 날카로운 칼날을 가지게 됐다. 한국의 굴곡진 역사 탓이기도 하지만 이를 설계한 노 전 대통령이 출마 선언 연설에서도 언급했듯 한국 역사가 가진 '분노의 정서'를 현실 정치로 접목하려 애쓴 정치가였기 때문이다.

---

018 노무현 전 대통령, 한겨레 특별 인터뷰 전문, 국정브리핑(2007. 6. 15)
     https://news.naver.com/main/read.nhn?mode=LSD&mid=sec&sid1=001&oid=078&aid=0000033994

'야 이놈아, 계란으로 바위치기다' '고만 둬라' '너는 뒤로 빠져라' 이 비겁한 교훈을 가르쳐야 했던 우리의 600년 역사, 이 역사를 청산해야 합니다. 권력에 맞서서 당당하게 권력을 한 번 쟁취하는 우리 역사가 이루어져야만이 이제 비로소 우리의 젊은이들이 떳떳하게 정의를 이야기할 수 있고, 떳떳하게 불의에 맞설 수 있는 새로운 역사를 만들어낼 수 있습니다.

故 노무현 전 대통령 출마선언(2001년)

86 운동권 세력과 연대해 정권을 창출한 노무현 전 대통령은 권위주의와 민주화라는 정치 구호가 IMF 체제 이후 바스러지고 있다는 것을 감지했다. 스스로 시대의 변화를 읽고 정치 세력 구도 재편을 실현하고자 했다. 정치 지형은 변하고 있었고, 일반 시민의 정치 참여도 인터넷의 획기적인 발달로 인해서 활발해졌다. 노 전 대통령은 명확히 알고 있었다. 다양한 현안에 대한 정치적 의견을 둘러싸고 진영이 나뉘는 보수와 진보의 시민 정치 시대를 만들 수 있다는 것을 말이다. 그의 정부가 '참여정부'인 것도 이런 의중이 반영된 것이라 하겠다.

노 전 대통령은 이념의 양극화에 따른 선명성의 정치가 여론을 불러일으킬 수 있다는 것을 본인의 정치 역정을 통해서 본능적으로 알고 있었다. 새로운 정치 구도가 만들어지면 보수와 진보 진영 가운데 어느 쪽의 고정적인 지지자가 더 많이 생기는가에 따라 향후 선거의 결과도 정당의 미래도 바뀐다고 본 것이다. 그가 만들려는 진보의 세계는 다양한 정책 현안에 대한 적극적 의견 개진 등 시민의 일상적인 정치 참여가 핵심적이었다. 그런 만큼 다양한 정치 현안에 대해 능동적으로 움직여주는 강력한 다수의 시민이 필요했다. 이를 의식한 듯 노 전 대통령은 재임 기간에 여러 국정 현안을 국민의 토론에 붙였다. 논란을 주도하면서 그는 수십 년 동안 이어진 기존 정치의 틀을 벗겨냈다. 한국 정치의 패러다임, 권력과 시민의 작동방식을 바꾸려고 했던 것이다.[019]

노 전 대통령은 임기 말 언론 인터뷰에서도 뚜렷하게 밝혔듯 늘 현안을 이념 진영으로 나눴다. 찬성과 반대, 정(正)-반(反)이 대립하는 국민적 이슈로 만들었다. 이라크 파병, 대연정, 과거사 청산, 수도 이전, 대통령 탄핵, 부동산 문제 등 모든 현안을 대통령이 끌고 다니며, 새로운 정치 세계를 한국 현대 정치 문화에 이식했다. 본인 스스로도 양극으로 나눠지는 진영 논리가 중요하다고 봤다.

급격한 변화를 만들어내려던 노 전 대통령은 구시대의 유산이 남아 있는 당시 한국 정치에서 이해할 수 없는 이단아나 이방인으로 평가 절하됐다. 정치권도, 시민도 쉴 새 없이 메가톤급 이슈를 생산해내는 노 전 대통령의 행보에 피로감을 느꼈다. 노무현 전 대통령이 속한 정당도 임기 후반 그를 외면했다. 노 전 대통령은 당의 요청 속에 탈당했

---

019 [盧대통령, 검사들과의 대화] 공격적 질문에는 공격적 대응, 한국경제(2003. 3. 29)
　　 https://news.naver.com/main/read.nhn?mode=LSD&mid=sec&sid1=100&oid=015&aid=0000597612

고, 100년 가자며 만든 정당은 해체됐다.

노무현 정부 5년 동안 친노 진보 진영은 새로운 정치에 익숙해진 세력을 상당히 확보하게 되었다. 노무현 전 대통령이 의도한 정치는 일상생활을 파고들었다. 점점 더 많은 시민들이 다양한 사회 이슈에 정치적으로 반응하고 자신이 지지하는 진영에 힘을 싣는 데 익숙해져갔다. 다양한 국정 현안에 대한 시민의 참여라는 모습으로 녹아들어 가기 시작했다. 시민은 권위주의냐, 민주주의냐라는 도식에서 벗어나서 수도권 이전을 해야 할 것이냐, 한미 FTA의 득실이 무엇이냐, 역사에서 정부의 역할은 무엇이냐 등 다양한 정책 이슈에 대해서도 각자의 입장을 가지는 데 익숙해졌다.

시민이 참여하는 정치의 기반은 서서히 거대한 구조를 갖춰가기 시작했으나 노 전 대통령의 정치 현실은 녹록하거나 평화롭지 않았다. 토론과 설득, 합의에 의한 민주주의가 아니라 갈등이 번쩍이는 양극화 정치의 양태를 보이기 일쑤였다. 노무현이 설계하고 만든 정치의 신세계는 오류를 자주 드러냈다. 노무현 정부 시절 사회 갈등은 증폭되는 양상을 보였고 제대로 해결되지 않았다.

"대통령 못해 먹겠다"는 말이 노 전 대통령 입에서 나올 정도로 한국 사회는 여러 혼돈 속에서 휘청거렸다. 부안 핵폐기장 반대 운동과 한미 FTA, 수도 이전 논란 등 평행선으로 치닫는 사회 갈등과 해결되지 않는 각종 이슈가 잇따랐다. 노 전 대통령이 프로그래밍한 새로운 정치 세계는 정(正)과 반(反)은 있으나 합(合)이 없는 정치 세계로 변하곤 했다. 찬성과 반대 세력이 타협 없이 양극화되면서 공존이나 상생, 협력은 찾아보기 힘든 정치 구조가 되었다. 그러다 보니 정치에서든, 사회에서든, 타협은 없고 다른 세력과 생과 사를 다투는 전쟁 같은 모습만을 드러냈다. 이런 사태가 빚어진 것은 노 전 대통령이 보수와 진보라는 양대 이념이 공존하는 정치 구도를 만들겠다고 한 이면에 진보의 승리라는 또 다른 얼굴을 숨기고 있었기 때문이다. 노 대통령의 출마선언문에서도 잘 나타나듯 노 전 대통령은 공존의 정치보다는 대결의 정치를 지향했고, 반대 세력에는 단호했다. 양 진영이 공존하는 합(合)이라는 결론으로 가는 과정은 오히려 퇴보했다. 공존에 의한 상생이 아니라 반(反)을 없애버리고 자신의 진영만이 홀로 남는 방식이었다.

노 전 대통령의 어법으로 표현하면 그것이 '개혁'이고, 요즘 식으로 표현하면 '상대 세력 청산'이다. 노 전 대통령이 끊임없이 추진했던 주류 언론 해체를 노린 정부 정책이 그 대표적인 예이다. 참여 정부가 대척점에 서 있다고 본 세력을 '개혁'이라는 명분하에 어떻게 압박하고 청산하려고 하는지를 보여주는 명확한 사례다. 노무현의 정치 세계는 그래서 한계가 분명한 '오류'의 세계다. 정부의 직간접적인 지원 속에 성장한 각종 시민사회 단체가 새로운 여론을 만들어내고 이끌어가면서 새로운 정치 문화에 적응한 시민을 끊임없이 자극하게 된다. 시민은 그 단계를 넘어서면서 스스로 판단하고 분노하게 된다.

진보 진영이 한국 사회에서 확장성을 가지게 되는 굳건한 틀이 노무현 정부에서 확립되게 된 것이다. 그러나 당시 대부분의 시민은 노 전 대통령이 새로 만든 정치 세계, 현대적 의미의 보수와 진보 정치가 어떤 것인지 선뜻 이해하지 못했다. 심지어 노 전 대통령이 속한 정당도 노 전 대통령과 등을 돌리고 새로운 정당을 만드는 작업에 나설 정도였다. 새로운 정치 시스템과 사회 변화에 적응하는 데는 당연히 시간이 걸렸다. 노무현 시대를 지낸 시민은 앞으로 자신들이 정치라는 이슈에 얼마나 많은 영향을 받으며 살 것인가에 대해서 알지 못했다. 참여정부 5년은 시민을 정치 권력의 한 축으로 깊숙이 끌어들이게 된다. 정치라는 이름의 새로운 세력화 방식이 시민의 삶으로 부쩍 다가와 버렸다.

❷ 'No보수'의 시작 – MB와 미친 소

노무현 전 대통령 임기 말, 친노 세력의 부활을 예측하는 이는 거의 없었다. 2007년 대통령 선거는 한 번의 이변도 없는 밋밋한 선거였다. 자유와 정의를 우선시하는 보수주의를 잇겠다는 MB 정부의 기세가 좋았다. 재집권한 MB 정부는 파죽지세로 잃어버린 권력을 회복하기 위해 달려들었다.

마침 건설회사 CEO 출신인 대통령의 별명도 '불도저'였다. 당선 때만 해도 모든 상황은 이명박 대통령과 새 정부를 위해 마련된 멋진 무대처럼 보였다. 잃어버린 10년을 넘어서 성공적인 정부가 유지될

것 같은 사회 분위기가 팽배했다.[020]

새 정부는 도취됐다. 대선 공약으로 제시한 '경제 발전'이라는 가치를 대다수 국민들이 열망하고 있다는 자신감이었다. 언론에서도 "노동자, 농민, 비정규직, 중산층, 젊은 세대를 포함해 모든 세대와 계층의 다수가 지지한 정부"라는 진단이 나오기까지 했다.[021]

때 아닌 '오륀지(오렌지)' 열풍을 불러일으킨 대통령직 인수위원회의 영어공용화 논란에서부터 고·소·영(고려대, 소망교회, 영남 인맥) 조각까지 MB 정부는 국민의 반감에는 크게 아랑곳하지 않았다.[022] [023]

MB 정부는 자신을 지지한 민심이 순식간에 요동칠지 몰랐을 것이다. 시간은 오래 걸리지 않았다. MB 정부는 한 방에 날아갈 뻔했다. 마치 누군가 발밑에서 숨겨둔 폭탄이 터지듯 하나의 사건으로 '허니문 기간'의 정부는 탄핵 직전까지 치달았다.

양극화 정치의 세계가 본격 열린 것이다. 타격 목표를 설정해 시민 세력과 연대한 진보 진영은 이명박 정부의 목 아래까지 진격했다. MB 정부와 시민은 정부의 핵심 키워드인 '경제 발전'이라는

---

020 "이명박 잘할 것" 89%, 매일경제(2007. 12. 23)
     https://www.mk.co.kr/news/politics/view/2007/12/699685/

021 [세상읽기] 17대 대선과 이명박 시대 ① / 박명림, 한겨레(2007. 12. 25)
     http://www.hani.co.kr/arti/opinion/column/259129.html

022 "오륀지, 비즈니스 프렌들리" 인수위 '말말말', 뉴시스(2008. 2. 22)
     https://news.naver.com/main/read.nhn?mode=LSD&mid=sec&sid1=100&oid=003&aid=0001973109

023 MB 정부는 '더블 SK' '고소영', 한국경제(2008. 2. 19)
     https://www.hankyung.com/politics/article/2008021966461

말을 두고도 동상이몽(同床異夢)을 꿨던 것이 확연히 드러났다.[024] 이명박 대통령이 뜻한 경제 발전은 '그저 잘(혹은 단지) 먹는 것'이고, 국민이 이야기한 경제 발전은 '보다 높은 수준의 안락한 삶'을 뜻한 것이었다. 산업화 세력인 이명박 대통령 본인부터 '국민'에서 '시민'으로의 커다란 변화를 이해하지 못했고, 대선에서 지지를 한 시민은 정부가 자신들을 속였다고 생각했다.

> 질 좋은 (쇠)고기를 들여와서 일반 시민들이 값싸고 좋은 고기 먹게 하겠다.
>
> 이명박 전 대통령, 2008년 4월 [025]

폭발의 불을 지핀 것은 미국산 쇠고기 수입 논란이다. 들고 일어선 이들은 시민 스스로였다. 진보 집권 10년 사이에 각종 이슈에서의 정치 참여를 당연하게 생각하는 시민이 직접 전면에 나선 것이다. 초기의 민심은 "불안하니 그만두라"는 것이었다. 타오르면 끝이 나지 않는 새로운 정치의 양상을 이 대통령은 몰랐다.

새로운 정치 구도는 피아 논리로 양극의 진영 논리가 만들어지면

---

024 한국갤럽, 2007년 대선 유권자 심층조사, 재인용
　　 https://panel.gallup.co.kr/Gate/Panel/F021.aspx

025 李 대통령 "시민들이 값 싸고 질 좋은 고기 먹게 된 것", 프레시안(2008. 4. 21)
　　 https://www.pressian.com/pages/articles/13346

상생과 타협은 없었다. 설득도 통하지 않았다. 어느 한쪽이 사라져야 했다. 안타깝게도 MB 정부는 노무현식 정치가 남기고 간 유산(遺産)을 이해할 수가 없었다. "그냥 (나를) 따라봐"라는 이명박 정부의 불도저식 대처 방법은 노무현 정부를 거치며 양극화 이슈에 자극받게 된 시민의 눈높이에 걸맞은 해법이 아니었다. 모든 권력을 동원해서 상대 세력을 누르는 진보 진영의 정치 해결 방식이 그대로 구현됐다. 보수라는 간판을 들고 집권한 MB 정부는 집권하자마자, '나쁜 정부'라는 딱지가 붙게 됐다. 권위주의 정부에게 야권이나 재야단체들이 붙여온 나쁜 정부라는 딱지가 붙게 된 결정적 계기가 바로 미국산 쇠고기 논란 때라 하겠다. 진보 진영은 새로운 프레임을 위해 빠르게 움직였다.

'**새로운 보수 정부**=미국산 쇠고기 강행=시민의 반대편=나쁜 보수 정부=시민의 반대편=과거 권위주의 정부=악(惡)=**타도 대상**'이라는 등식을 만들어서 여론전에 적극 나서기 시작했다. MB 정부가 '美쇠고기' 정국에서 빠르고 현명한 대응을 하지 못하자 시민의 집단의식에는 '보수 정치=타도 대상'이란 진보 진영이 바라는 간결하고 강력한 도식이 자리 잡기 시작했다.

'노무현의 신세계'가 만들어낸 시민의 정치를 이해하지 못한 MB 정부의 대처는 산으로 향했다. MB 정부는 갈수록 거세지는 광화문 시위의 본질을 이해하지 못했다. 정부는 10만 명이 모이는 대규모 시위가 좌파 단체나 일부 불온 세력에 의한 선전 선동 탓이라고 진

거대 집단의 탄생

단 내렸다. MB 정부의 실책은 새롭게 거듭난 보수 정치 세력에 대해 '시민의 적대적 정서'라는 결정적 쐐기를 박는 데 충분했다.

"MB 정부는 나쁘고, 나(시민)는 반대 편"이라는 인식을 온 국민이 하게 되는 데는 오랜 시간이 걸리지 않았다. 경찰 병력이 컨테이너 차단벽으로 쌓아올린 'MB 산성'이 모습을 드러낸 순간이 바로 그때였다. 시민을 두려워한 보수 정부의 수반은 청와대에 고립됐고, '보수 집권 세력 대 선한 시민 세력'이라는 양극 구조, 현대식 보수와 진보의 구도가 확정되는 결정적 순간이었다. 10년 만에 청와대에 입성한 보수 집권 세력인 MB 정부는 그렇게 노무현 전 대통령이 만든 '나쁜 보수 대 정의 진보'라는 강력한 프레임 속에 갇히게 된다. MB 정부의 대응은 향후 보수 세력에 큰 짐을 남기게 된다.

노 전 대통령이 만들려고 한 선과 악의 정치 구조가 완벽하게 만들어졌다. '정부(권력)는 나쁜 편'이고 '시민은 옳은 편'이라는 프레임이 작동하기 시작한 것이다. 진보 야당은 MB 정부와 반대 세력이기 때문에 '시민의 편'이 되었고, '옳은 정치 세력'임을 주장하게 되었다. MB 정부는 '남의 편'이 됐다. 그날 이후로 MB 정부가 하는 모든 일은 다 싫은 일이 되었다. 4대강 사업, 자원외교 사업 등 MB 정부가 하는 일은 어디든 시민의 거센 반대에 부딪히는 상황에 직면한다. MB 정부가 남긴 각종 사업들은 여전히 추적, 관찰, 진실 파헤치기의 단골 대상이 되고 있다. 흔들리는 집권 기반을 다잡기 위해 고민에 빠진 MB 정부는 국가 기관의 불법적인 동원 유혹에 빠지고 만다. 무서웠을지도 모른다.

　노 전 대통령이 만들어낸 양극화의 정치는 폭발적인 성향을 보였기에 보수 인사들은 새로운 종류의 민심에 큰 두려움을 가졌다. 그런 면에서 MB 정부는 신보수주의를 표방했지만 인적 구성이나 권력 행사 방식에서는 새롭게 돌아온 올드 보이 수준을 벗어나지 못했다. 시민 세력과는 너무 큰 간극이 있었다. 서로 이해할 수 없는 대상이 된 보수 정치 세력의 정부와 시민은 매순간 서로 대결하는 존재가 되었다. MB 정부 시절에 발생한 용산 철거민 참사, 4대강 사업 강행, 내곡동 사저 논란 등은 새롭게 집권한 보수 정치 세력에 대한 시민의 이미지를 악화시키는데 일조했다. 노무현 정부에서 성장한 시민사회단체의 활발한 대정부 투쟁과 함께 언론 권력 해체 작업으로 진보 미디어가 크게 늘어난 상황도 우왕좌왕하는 MB 정부에겐 악재였다.

　진보 집권 10년 뒤, 보수를 표방하는 정치 세력에게 찾아온 첫 번째 기회는 집권 5년간 각종 악재 속에서 막을 내리게 된다. 권위주의 시대의 산업화와 개천용의 상징인 이명박과 시대를 뛰어넘으려고 한 노무현은 동시대를 함께 할 수 없는 최악의 악연이었을지 모른다. 그 갈등은 노무현 전 대통령 일가 수사라는 MB 정부의 악수로 이어지고, 노 전 대통령의 서거라는 MB 정부 최악의 상황으로 치닫게 된다. 새로운 보수 첫 집권은 '네거티브 스토리'로 끝났다. 뿌리 깊은 새로운 보수에 대한 '혐오 현상'의 서막이었다.

이명박 정부의 스토리는 '네거티브(부정적) 스토리'다. 공천학살, 친이 · 친박 갈등, 공약파기(대운하 · 세종시 · 신공항), 고소영, 영 포라인 등이다.[026]

MB 정부가 적대적 민심의 수렁 속에 '불통 정부, 나쁜 보수'로 굳어가는 그 사이 17대 대선에서 대패한 진보 정당도 다시 청와대 수권을 노릴 만큼 체력을 비축하게 된다.

❸ 'No보수'–보수 정부의 종지부를 찍다

이명박 정부의 실정 탓이 컸다. 2012년 대선을 앞두고 박근혜 후보와 문재인 후보 진영 누구도 우세를 장담하지 못했다. MB 정부에서 세력을 정비한 진보 진영, 문재인 후보 당선 가능성이 급부상했다. 선거 당일까지도 팽팽한 승부는 이어졌다. 한 언론사는 대선 출구 예측 조사에서는 문재인 후보가 당선됐다는 예측을 내놓을 정도였다.[027]

막 형성되기 시작한 No보수와 보수 지지층과의 한발 물러서지 않는 대결이었다. 보수의 주자로 나선 박근혜 후보는 혁신적으로 움직였다. 당내 반발 속에서도 당명과 당 로고를 젊은 이미지로

---

026 "고소영·영포라인…MB 정부는 '네거티브' 스토리", 경향신문(2011. 9. 16)
　　http://news.khan.co.kr/kh_news/khan_art_view.html?artid=201109161146321&code=910100

027 '문재인이 이긴 것 같다' 메시지… 대선 당일 무슨 일이 벌어졌나, 경향신문(2013. 12. 17)
　　http://news.khan.co.kr/kh_news/khan_art_view.html?artid=201312071411501&code=910100

바꾸고, 상징색도 보수 진영은 물론 국내 급진 정당도 레드 콤플렉스를 이유로 쓰지 않던 빨간색을 내세웠다. MB 정부와의 단절된 보수 세력이 되기로 작정한 듯했다.

> 새누리당은 민주정의당 때부터 상징색이던 파란색을 버리고 빨간색을 택했다. "붉은 악마와 같은 젊은 세대의 선호와 기호를 반영했다"는 설명이 뒤따랐다. '레드'를 혐오하는 그들이고 보면 허를 찌르는, 엉뚱한 발상으로 보였다. 박근혜 비상대책위원장이 새롭게 거듭나겠다는, 특히 이명박 대통령과의 차별을 시도하겠다는 단면으로 볼 수 있다.[028]

인상적인 장면은 헌법 119조 2항에 반영되어 있다는 '경제민주화' 정책을 꺼내든 것이었다.[029] 대기업 규제와 소득분배에 국가가 적극 개입하겠다는 메시지였다. '비즈니스 프렌들리'로 대표되는 친기업적 경제 성장 슬로건으로 상징되는 MB 정부와 선명한 대조가 이뤄졌다. 20대의 '박근혜 키즈'를 내세운 점도 보수에 등을 돌

028 [기자칼럼] 빨간 새누리당의 색깔론, 경향신문(2012. 3. 28)
     http://news.khan.co.kr/kh_news/khan_art_view.html?artid=201203282129455&code=990000
029 〈박근혜 정부 출범〉朴대통령 취임사서 '경제민주화' 직접 언급, 연합뉴스(2012. 3. 25)
     https://news.naver.com/main/read.nhn?mode=LSD&mid=sec&sid1=100&oid=001&aid=0006112860

린 젊은 층을 끌어안으려는 혁신적인 시도로 읽혔다.[030]

이명박 정부와 확연한 차별점을 보이면서 박근혜 후보가 젊은 중도층을 포섭할 것이라는 전망도 나왔다. 세대 간 대결 양상이 생겨난 정치 현실의 벽을 무너뜨릴 수도 있을 것이란 예측도 나왔다.

2012년 12월 대통령선거 투표함이 열렸다. 박근혜 15,773,128표, 문재인 14,692,632표, 백만여 표(1,080,496표) 차이로 아슬아슬하게 보수 정당이 승리를 차지했다. 언론사 출구조사 결과 20대의 65%가 문재인을 지지하는 등 40대까지 진보 진영 지지가 과반을 넘고 50대 이상에서는 박근혜 후보 지지가 압도적이었다. 세대 간 대결 양상은 종식되지 않았다. 여전히 젊은 층은 진보를 지지했고 보수의 세대 하방 전략(젊은 세대 공략 전략)에도 MB 정부에서 보수에게 등돌린 젊은 표심은 움직이지 않았다. 그래서일까.

당선 이후 박 대통령은 물론 보수 여당도 대선 캠프 시절 선보인 젊은 층과 진보 지지층을 포섭하려는 파격적인 행보를 보이지 않았다. 경제민주화는 물론 무상보육, 기초연금 공약에 대해서도 대선 공약 때보다 후퇴했다.[031] '포용 노력을 해도 바뀌지 않는 것을 어떻게 하겠나. 집토끼인 기존 지지층만 지키고 가겠다'는 행보를 보였다.

030 '박근혜 키즈' 활약 이어가나, 매일경제(2012. 4. 15)
     https://www.mk.co.kr/news/politics/view/2012/04/230891/
031 결국… '복지' 대폭 후퇴 파문, 국민일보(2013. 9. 22)
     http://news.kmib.co.kr/article/view.asp?arcid=0007579634

박 정부는 점점 더 소통에 미숙해져가는 모습이었다. 그런 보수 정부의 행보 속에서 진보 진영은 지속적인 여론 작업을 통해 우호 세력을 만들기 위한 작업에 이어갔다. 그러던 가운데 그날 대참사가 터졌다. 박 대통령 집권 2년차인 2014년 4월 16일의 세월호 참사가 바로 그것이다.

2014년 4월 16일

2013년 취임한 박 대통령은 단상에 올라 "어떤 위협으로부터라도 국민의 생명과 안전을 지키겠다"고 공식 선언했다. 대국민 약속이었다.

> 국민의 생명과 안전을 지키는 것은 국민 행복의 필수적인 요건입니다. (중략) 저는 국민의 생명과 대한민국의 안전을 위협하는 그 어떤 행위도 용납하지 않을 것입니다.
>
> 박근혜 전 대통령 취임사[032]

그러나 박 전 대통령의 약속은 지켜지지 못했다.

---

032 〈박근혜 정부 출범〉 朴대통령 취임사 전문, 연합뉴스(2013. 2. 25)
　　　https://news.naver.com/main/read.nhn?mode=LSD&mid=sec&sid1=100&oid=001&aid=0006112910

"마지막 믿을 건 (박근혜) 대통령", "청와대로 가자"[033]

참사 초기, 세월호 실종자 가족들은 박근혜 대통령을 찾아나섰
다. 보다 빠른 수색, 구조 작업을 요구하며 통수권자인 박 대통령의
도움을 절실히 원했다. "오로지 국민만을 바라보겠다"던 대통령에
도움을 구하기 위한 것이었다. 그러나 상경을 시도하는 피해자 가
족을 바라보는 박근혜 정부의 판단은 달랐다. 대통령이 있는 청와
대, 서울로 가겠다는 세월호 실종자 가족의 도보 행진은 곳곳에서
막혔다. 대한민국의 경찰복을 입은 정부에 가로막혀 진도 지역을
벗어나지 못했다. 경찰 중대 수백 명 앞에 가로막혀 자식을 잃은 시
민들이 길바닥에 주저앉아 오열하는 순간, 대한민국의 여론은 보수
정부에 대해 불신하기 시작했다. 젊은 층은 불신이 더욱 깊어졌다.

박근혜 정부의 보수는 세월호 참사를 외면하려고 했다. 세월호
참사 직후에 선거가 있었고, 야당은 세월호 심판론을 전면에 내세
워 보수 정부를 압박하기 시작했다. 보수 세력은 세월호 참사 사
안이 가진 핵심적 가치와 시민이 요구하는 사안을 있는 그대로 보
지 못하고 정치적인 움직임으로 판단하기 시작했다. 정치인은 정
치적으로 사안을 봤고, 관료들은 책임을 회피하려는 듯 사안을 축
소하려는 모습을 보였다. 이 때문에 보수 지지자는 물론 국민 대

---

033 16km '분노의 행진' 끝 정부가 내놓은 답변은, 오마이뉴스(2014. 4. 20)
http://www.ohmynews.com/NWS_Web/View/at_pg.aspx?CNTN_CD=A0001982721

보수의 몰락

부분이 정부 대응에 대해 초기부터 문제를 느끼고 있었다.

여론조사 기관인 한국갤럽에서 2014년 4월 28일부터 30일까지 진행된 세월호 참사에 대한 여론조사에서 응답자의 8%만이 사건의 수습과 대응이 적절했다고 응답했다. 82%가 적절하지 못했다고 보고 있었다.[034] 세월호 참사에 대한 박근혜 정부의 대응은 총체적 실패의 연속이었다. 재난 상황에 대한 대처 능력이 갖춰지지 않았고 이런 정부의 난맥상은 실시간으로 언론을 통해 시민에게 고스란히 노출됐다. 정부에 대한 비난 여론이 비등해졌다. 국가기관은 비난과 책임 앞에서 작아졌다. 정부의 무능에 대해 시민은 인식하기 시작했다.

인사파동보다 무서운 건 정부의 무능이 국가가 마땅히 보호해야 할 국민의 생명과 안전을 도리어 위협하는 사태를 낳고 있는 현실이다. 1년 전 세월호 참사를 겪은 국민은 '국가란 무엇인가'라는 근원적 질문에 이제껏 답을 얻지 못한 채 살아가고 있다. 세월호 진상 규명을 가로막는 시행령 개정이 청와대의 반대로 멈춰선 지금, (중략) 정부는 해결 능력이 없다는 의미의 '무능'을 넘어 아예 아무것도 못한다는 뜻의 '불능' 상태임을 대한민국을 넘어 세계에

---

034 한국갤럽, 데일리오피니언 제113호(2014년 4월 5주)
　　　https://www.gallup.co.kr/gallupdb/reportContent.asp?seqNo=546

보여줬다.[035]

　세월호 참사는 점점 사회적인 사건에서 정치적인 진영 논리, 즉 보수 정치 심판이란 함의를 가진 정치 명제로 전환된다. 이는 당시 국정 운영 세력의 탓이 크다. 무능이든 판단 착오이든 보수 정부의 큰 패착이었다는 점은 분명하다. 시민 눈높이에 맞춘 대응을 하지 못한 보수 세력은 문제 해결 국면에서 실수를 거듭하면서 진보 야당이 시도한 '생명을 도외시한 나쁜 보수'라는 프레임 속으로 서서히 끌려가기 시작했다.

　보수 혐오가 다시 뿌리 깊게 민심 사이를 파고들기 시작했다. 이런 상황에서 세월호 참사가 온 국민이 공감하는 애도와 추모의 대상이 되지 못하고 수년째 정치적 논쟁의 한 편에 머물며 '4. 16과 노란 리본' 단어 자체가 '정권 심판'이란 강력한 정치적 성격을 가지게 된 것은 당연한 귀결이었다.

　진보 야당은 세월호 참사를 늘 정치적인 이슈로 부각시켰고, 보수 정치 세력은 세월호 참사와 관련된 모든 주장을 정치적 공세라고 판단하기 시작했다. 보수 정당은 세월호 참사와 상당한 거리를 두게 되고 오히려 세월호 참사의 외연을 통제하려는 모습을 보이게 된다. 보수가 핵심을 놓친 것이다. 국가와 한국 사회가 적극적

035　[정동칼럼] 무능권력, 불능권력, 경향신문(2015. 6. 16)
　　　http://news.khan.co.kr/kh_news/khan_art_view.html?artid=201506162047205&code=990308

으로 끌어안아야 할 피해자인 유가족은 정부와 보수 정치 세력에게 외면 받게 됐고, 자식 잃은 슬픔을 공감하는 민심은 보수 세력에 대한 극한의 반감을 느끼게 됐다.

민심은 급히 움직이기도 하지만 천천히 거대하게 움직이기도 한다. 세월호 참사는 후자였다. 묵직한 여파가 사회를 관통하듯 세월호 참사의 여파는 사라지지 않은 강진으로 계속 영향을 줬다. 보수 세력에게는 세월호 참사 직후 두 번의 선거에서 이긴 것도 치명적인 독이 됐다. '세월호 책임론, 박근혜 정권심판론'이란 진보 야당의 공격 속에서도 보수는 패하지 않았다.[036]

세월호 정국에서도 유권자들은 보수 정부에게 힘을 실어주기 위해 노력했다. 다만 보수 정권의 책임을 면제한다는 뜻은 아니었다. 박 대통령과 보수 정부가 사안을 해결하라는 요구는 상당했고, 보수 정부가 충분히 이를 할 수 있을 것이라는 신뢰의 표시였다. 시민들은 박 정부의 전향적 조치를 인내하며 기다려준 것이지 세월호 참사의 후속 대책에 관심이 없는 것은 아니었다.

세월호 사고 원인과 책임, '아직 밝혀지지 않았다' 55% 〉 '밝혀졌다' 33%-참사 발생 100일 시점이던 7월 말에는 '밝혀지지 않았다' 64%, '밝혀졌다' 31% (중략) 40대 이하에서는 '밝혀지지 않았다'는

---

036 지방선거 '평형수 민심'…두 달 만에 輿쏠림 왜, 경향신문(2014. 7. 31)
　　　https://news.naver.com/main/read.nhn?mode=LSD&mid=sec&sid1=100&oid=001&aid=0007044049

의견이 대체로 우세했고(20대 58%, 30대 73%, 40대 57%), 50대에서도 48%로 나타나('밝혀졌다' 40%) 검찰의 종합 수사 결과 발표는 기대하는 진상 규명 수준에 미치지 못했던 것으로 보인다.[037]

2014년 지방선거와 재보궐 선거에서 잠복한 민심의 불만은 박근혜 정부 후반기에 터진 각종 악재 속에 민심 이반을 더욱 확대시키는 불쏘시개가 된다. 세월호 참사는, 참사 대응에 전폭적으로 나서지 않은 혹은 대응에 미온적이었던 보수 정치 세력에게 서서히 책임을 묻게 된다. 민심을 외면한 대가였다. 민주주의 위기라는 인식이 생겨나기 시작했다. 진보 진영이 박 정부 초창기부터 지적해온 것인데 많은 단체들이 동조하기 시작했다. 이제 민심은 박 정부의 국가에 대해 시대와 뒤떨어진 정부라는 인식을 하게 된다.

진보가 막강한 영향력을 행사하는 시민사회 단체 진영에서도 박 정부에 대해 권위주의의 그림자를 강하게 씌우기 시작한다. 한국 민주주의 위기라는 외신의 평가는 이미 나와 있었다. 영국 파이낸셜타임스(FT)의 "박근혜 정부의 몇몇 조치는 권위주의라는 비판에 기름을 부을 만했다"라고 평가했다.[038] 여러 소재들은 민심을

---

037 한국갤럽, 데일리오피니언 제135호(2014년 10월 3주), 재인용
     https://www.gallup.co.kr/gallupdb/reportContent.asp?seqNo=586
038 외국 언론들이 바라본 세월호 참사… "한국 민주주의의 시험대", 경향신문(2014. 4. 30)
     http://news.khan.co.kr/kh_news/khan_art_view.html?artid=201404301528311&code=970100

자극하게 되고 정부에 대한 불신은 결국 보수 정치 세력에 대해 많은 의혹을 남기게 된다.

더욱이 소통 능력이 부족했던 박 정부 탓에 많은 시민이 세간에 퍼진 박 정부에 대한 비난과 평가에 익숙해졌다. 노무현 시대 이후 정치 이슈에 대해 참여를 당연시하는 시민의 정치 지형은 소통력이 부족한 박근혜 정부에 대해 강한 반감을 유지하게 된다. 이슈에 대해서 토론하고 시민의 의사를 반영해온 정치 세계로 접어든 민심은 박근혜 정부의 정치가 자신들을 위한 민주주의가 아니라고 판단하기에 이른다. 진보 진영에서 쏟아진 보수 정부에 대한 음모론이 서식하기 좋은 정치의 음지가 형성된 것이다. 보수 정부의 기반을 크게 훼손하기 시작한다. 국민 생명권에 무관심하고, 국가의 기본인 재난 대처 능력이 떨어지는데다, 민주주의 성향도 아닌 '이상한 형태'의 정부 혹은 권력이라는 선입견이 생긴 것이다.

박 정부는 특히 조심했어야 했다. 박정희 대통령의 화려한 유산과 함께 '유신공주'라는 권위주의 성향 논란과 '독재자의 딸'이라는 신비주의 논란까지 함께 물려받을 수밖에 없었다. 힘의 균형추는 기울어가고 있었다. 결국 이런 의혹의 더미 위에 국정농단이라 이름 붙여진 사건이 언론의 보도로 불거지고 박근혜 정부는 무능과 권위주의, 음험한 신비주의 세력이라는 혐의 속에서 헌정사 초유의 탄핵 대통령이 된 채 막을 내리게 된다.

세월호 참사에서 국정농단 사건까지 이르면서 보수에 대한 시민의 반감은 극에 달하게 됐다. 2018년 지방선거, 2020년 총선에서도 시민은 반감을 내려놓지 않고 있다. 무능과 부패 세력이란 이미지가 아직 한국 보수 정치를 규정하고 있다. 박근혜 정부의 몰락은 박 정부를 지지하지 않았던 젊은 층들은 물론 이를 지지했던 고령층까지 보수 정치 세력에 대한 강력한 불신을 남겼다. "보수는 그냥 나쁘다." 보수와 연상되는 모든 세력에 강력한 주홍글씨가 남았다. 보수 집권 9년, 한국 사회에는 보수 정치 세력에 대한 어느 때보다 강력하고 거대한 안티 팬덤이 완성됐다. 우리는 그들을 'No보수'라고 부르기로 했다.

'No보수'의 탄생=노무현, 미친 소, 세월호

03.
보수만 몰랐던 No보수

그러니까 민심을 잘못 읽은 거죠. 이게 민심이라면 시대의 변화에 따라 변하는 거잖아요. 그 민심의 변화를 예민하게 따라가야 되는 데 특히 탄핵을 당한 세력으로서는 더군다나 그렇잖아요.[039]

원로그룹인 윤여준 전 장관의 지적처럼, 보수는 시대의 변화에 따른 민심을 제대로 보지 못하는 상황에 놓였다. 앞을 제대로 볼 수 없는 집단이 된 것이다. 선거는 상대의 역량이 중요한 제로섬 게임이다. 이에 반해 진보는 No보수 현상을 명확하게 인식하고 있었던 것으로 보인다. 이번 21대 총선의 과정을 따라가보면 진보 진영과 보수 진영의 인식 차이를 명확하게 알 수 있다. 21대 총선

039 [최강시사] 윤여준 "총선 결과, 통합당에 대한 철저한 응징… 보수 붕괴해야", KBS(2020. 4. 22)
http://news.kbs.co.kr/news/view.do?ncd=4430212&ref=A

의 선거 전략을 짜서 진보의 압도적 승리를 이끈 양정철 전 민주연구원장은 선거가 끝나자마자 자리를 훌쩍 떠나며 이번 총선 결과에 대해 "무섭고 두렵다"고 했다.

> 당선된 분들께서 국민들이 주신 엄중한 명령이 얼마나 무섭고 깊은 것인지 잘 아실 것으로 생각한다.
>
> 양정철 민주연구원장 [040]

선거 전략가인 양 원장이 본 두려움은 무엇일까. 선거 전략가가 두려울 정도의 여론 움직임을 보수 싱크탱크도 충분히 파악했을 것이다. 여의도연구원(여연)도 총선 국면에서 요동치는 여론의 '무엇인가'를 보았다. 여연 수석전문위원의 당시 상황 인식을 들어보면 이렇다.

> 4월 7일까지도 불안한 지역도 늘었지만 (미래통합당이) 130석이 가능할 것으로 전망했다. 하지만 결과는 참혹했다.[041]

---

040 민주당 압승 뒤 떠나는 양정철 "총선 결과 무섭고 두렵다", 중앙일보(2020. 4. 17)
https://news.joins.com/article/23756718

041 통합당, 총선 일주일 전 150석 전망… 토론회서 쏟아진 '쓴소리', 아시아경제(2020. 5. 20)
https://view.asiae.co.kr/article/2020052012440750666

보수 입장에서 총선을 앞두고 1~2주 전까지는 선거 전망이 나쁘지 않았지만 그 이후 급격히 여론 지형이 바뀌었다는 이야기다. 진보와 보수의 파수꾼들이 선거 목전에서 강력한 힘을 본 것이다. 전문가들이 각 연구원의 기법으로 실시간으로 파악했던 선거 정국을 흔든 두려움을 우리도 미뤄 짐작해볼 수 있는 자료가 있다.

여론조사 업체가 일반에 공개하는 정치 관련 여론조사 동향 자료가 바로 그것이다. 선거 국면에서 이들이 공개하는 대통령 지지율 추이는 선거 판세 분석 자료로 많이 사용된다. 이 글에선 한국갤럽의 자료(72쪽 표)를 분석하겠다. 이를 보면 선거 당일인 4월 15일로 향하면서 여론 지형이 급격하게 변화하는 것을 볼 수 있다.

No보수의 힘

보수와 진보 양쪽의 선거 전략가들이 본 거대한 힘은 바로 오른쪽 옆으로 크게 누운 대문자 Y자의 새총 형태(아래 표)로 진행됐다. 긍정과 부정 평가가 교착된 문재인 대통령의 지지율은 긍정/부정 평가가 벌어지기 시작하더니 엄청난 격차로 벌어지기 시작했다. 우선 선거를 한 달 앞둔 3월 2주째 이후 문재인 대통령의 지지율은 완벽한 상승세를 보였다.[042]

042 　한국갤럽, 데일리오피니언 제396호(2020년 4월 2주), 재인용
　　　https://www.gallup.co.kr/gallupdb/reportContent.asp?seqNo=1098

1월 5주째 긍정 여론 41%, 부정 여론이 50%로 약 10%포인트 차로 부정 여론이 앞서고 있었는데, 3월 1주째 긍정 44%, 부정 48%로 격차가 급격하게 줄어들었다. 거기서 그치지 않고 문 대통령의 지지는 3월 2주째부터는 긍정 49%, 부정 45%로 뒤집어진다. 문 대통령 지지율은 계속 급상승한다. 선거를 앞둔 국면에서 문 대통령에 대한 여론 쏠림 현상이 일어난 것인데 불과 한 달여 사이에 일어난 여론의 변화였다.

대통령 직무 수행 평가

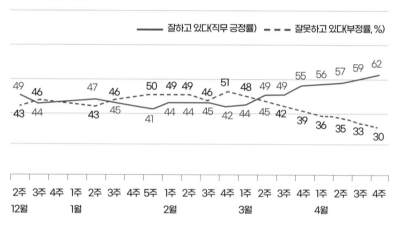

출처: 한국갤럽, 데일리오피니언 제396호(2020년 4월 2주), 재구성

마치 힘을 비축한 마라토너가 결승 라인을 앞두고 1등 탈환을 위해 거세게 박차고 나오듯, 거인이 쇠막대기를 엄청난 힘으로 휘어버리듯, 활주로에서 전력 질주하던 항공기가 이륙

　　　　　　　　　　　　　　　　　보수의 몰락

하듯 일어난 변화다. 막상막하의 병력으로 교전을 벌이고 있는데 거대한 인해전술을 가진 제3의 병력이 상대편 진영으로 속속 집결하는 형국이다. 진보의 입장에서 무섭고 두려운 승리, 보수의 입장에서는 급격하고 참혹한 패배가 바로 이런 과정을 거쳤고 21대 총선에서 진보의 압도적인 승리로 결말을 맺었다.

누군가 개입하지 않고 단기간에 저런 상황이 생길 수 있는가라는 의문이 들 정도로 여론이 급격하게 변했다. 선거를 앞두고 진보 여당인 더불어민주당으로 집결하는 여론도 커져갔다. 1월 5주만 해도 34%에 불과하던 진보 여당의 지지율은 선거 직전에 이르러서는 44%로 올랐다.[043]

더욱이 1월 5주 때만 해도 무당층(당을 선택하지 않은 층)이 33%로 남아 있어 문 정부나 진보 여당의 지지율은 쉽게 좋아질 것으로 보이지 않았다. 정국을 휩쓴 '조국 사태'로 인해 문 정부와 진보 여당의 긍정과 부정의 평행선 같은 교착 상태는 수개월간 꾸준히 이어지고 있었기 때문이다.

많은 전문가가 문 정부의 코로나 대응이나 보수 후보의 막말 파동 등을 여당 승리의 주요 변수로 보고 있지만 '급격한 여론 쏠림' 현상에 대해서는 명확한 결론을 내리지 못하고 있다. 코로나 대응이 선거 표심에 적지 않은 영향을 줄 수도 있지만, 재난 상황에서

---

043 한국갤럽, 데일리오피니언 제397호(2020년 4월 3주), 재인용
    https://www.gallup.co.kr/gallupdb/reportContent.asp?seqNo=1099

책임론이 있을 수밖에 없는 정부와 집권 여당에 대한 지지율의 상승에는 한계가 있게 마련이다. 급격한 여론의 움직임이 생기기 어렵다는 것이 중론이다. 그래서 고개를 든 또 다른 분석이 '4.15총선은 이미 결론이 난 선거'였다는 분석이다.

> 민주당의 지난 6개월간 자체 분석 내용을 들어보면, 지난 연말과 연초 약간의 하락세는 있었으나 총선 시뮬레이션에서 한번도 1당을 빼앗긴 적은 없었다고 한다. 코로나 사태 전부터 이미 과반을 차지하는 걸로 나타났다고 한다. 코로나, 공천, 막말은 종속변수에 불과했을 뿐 판도를 뒤바꿀 정도는 아니었다는 것이다.[044]

이 분석에 따르면, 적어도 선거 정국이라고 볼 수 있는 2020년 초부터는 정부 여당의 압도적인 지지율이 '꾸준하게' 유지되어야 한다. 이번 총선의 여론 흐름은 앞서 봤듯이 한 달여부터 급격한 상승곡선을 그렸다는 점에서 이 현상을 설명하기에는 한계가 다소 있는 분석이라는 의견이 뒤따른다. 그래서 4.15총선에서의 급격한 여론 변화에 대한 결론은 아래의 설명이 가장 힘을 얻고 있다.

선거 때마다 진보 지지로 집결하는 '특정 세력'이 있다는 것이

---

044 지고도 왜 졌는지 모르는 통합당, 한국일보(2020. 4. 27)
https://www.hankookilbo.com/News/Read/202004271644026109?did=NA&dtype=&dtypecode=&prnewsid=

다. 한국 정치 여론의 거대한 지형이 '진보 진영 지지, 보수 진영 반대'라는 큰 물줄기를 이루도록 깊이 파여 있다는 것이다. 선거일이 다가올수록 진보를 지지하지 않는 특정 세력이 진보를 계속 지지해온 층과 합류하면서 진보 정당 쪽으로 표가 급격히 집결하도록 말이다. 당시 여론조사 결과를 보면 2020년 2월 4주, 33%라는 높은 수치를 보인 무당층이 3월 1주부터 하락하기 시작해서 선거 직전과 선거 직후인 4월 2주~3주에는 18%로 급전직하한다.[045] 더불어민주당의 지지율은 같은 기간 36%에서 44%를 기록했다. 무당층은 33% → 18%로 15%의 변동이 생겼고 민주당의 지지는 36% → 44%로 8% 상승한다. 보수의 상승은 1%로 미미했다. 보수당의 지지율은 같은 기간 22%에서 4월 2주에 23%로 거의 변화가 없었다. 여론 조사 결과로도 무당층 진영에 있던 일부 그룹이 급속도로 민주당의 지지로 돌아선 것을 볼 수 있다.

마치 선거를 앞두고 문 정부나 민주당을 위해 자발적으로 집단 움직임을 보인 형세다. 이런 현상으로 진보 여당은 총선에서 압도적인 승리를 했고 한 달 전까지의 교착된 여론을 보고 선거 전략을 짠 보수 야당은 급변하는 여론에 속수무책으로 밀리며 우왕좌왕하다가 선거에서 참패했다. 선거를 앞두고 한 달 전까지도 잠잠하던 여론이 살아 움직여서 문 정부와 진보 진영의 승리를 위해 집결했

---

045 한국갤럽, 데일리오피니언 제398호(2020년 4월 4주), 재인용
https://www.gallup.co.kr/gallupdb/reportContent.asp?seqNo=1102

다는 분석이다. 깊은 바다 아래에서 고래가 올라오듯이 진보 여당의 승리를 위해 '급부상한 세력이 있다'는 결론에 다다른다. 이런 현상은 비단 이번 선거만이 아니었다.

　문 정부의 또 다른 전국 단위 선거에도 유사한 여론의 급변 흐름이 있었다. 2018년 6월 13일 치러진 지방선거 여론조사를 보면, 2018년 5월 5주 24%에 달한 무당층이 선거일이 포함된 6월에는 16%로 뚝 떨어진다. 8%의 무당층이 어디론가 사라진 것이다. 동시에 진보 여당의 지지율이 같은 기간 3% 상승한다.[046] 무당층이 선거 국면에서 순간적으로 사라지고 진보 정당에 대한 지지율이 급등하는 현상, 2020년 총선 때와 흡사한 거대한 여론의 고래가 갑자기 수면 위로 떠오르는 형태의 선거 민심이 있었던 것이다.

　이들은 무엇인가. 선거 때에만 진보를 대안적으로 지지하고, 보수 세력을 선거 때마다 무릎을 꿇리는 이 존재는 어떤 집단인가. 진보 지지 목적보다는 보수 세력의 생환을 막기 위해 조직적으로 움직이는 거대 세력, 이 세력은 과연 누구인가. 우리는 그들을 'No보수' 현상이라고 명명했다. 바로 진보 압승, 보수 참패의 선거 결과는 No보수의 힘이 이뤄낸 결과인 것이다.

046　한국갤럽, 데일리오피니언 제311호(2018년 6월 3주), 재인용
　　　https://www.gallup.co.kr/gallupdb/reportContent.asp?seqNo=933

　　　　　　　　　　　　　　　　　　　　　　　　보수의 몰락

04.
거대 정치 집단이 온다

보수는 정치적 상상력이 고갈됐다. 상상력의 고갈은 현실에 대한 그릇된 분석과 엉뚱한 행동을 가지고 온다. 보수 세력은 선거 국면마다 정치 지형을 제대로 읽지 못했기에 엉뚱한 해법을 전략으로 내세우며 촌극을 벌여왔다. 눈을 가린 이가 코끼리를 더듬어서 코끼리를 설명하는 촌극이 한국 정치계에서 일어나고 있는 것이다. 그것도 한국의 주도 세력이던 보수 세력이 그런 촌극의 주인공이 됐다.

선거를 한 달여 앞두고 여론이 급변하기 시작하자, 보수는 우왕좌왕하기 시작했다. 다급해지기 시작했다. 선거 국면 내내 문재인 정부가 추진하는 긴급재난지원금을 반대해온 보수는 갑자기 전 국민에게 50만 원을 지급하자고 그간의 말을 뒤집었다. 선거를 불과 10일 앞둔 4월 5일에 이런 주장을 불쑥 내놓았다.

때는 늦었다. 선거 국면의 여론조사에서 확인할 수 있듯이 여론은 진보 진영으로 결집을 끝낸 시점이었다. 백약이 무효라 할 정도로 선거 판세가 이미 결정된 국면이었는데 요동치는 여론에 당황한 보수 진영이 황급히 미봉책을 내놓은 것이라는 해석이 가능하다. 원인 분석도 정확하지 못했다. 거대한 흐름을 보지 못하고 문 정부의 '코로나 대응'이라는 '종속 변수' 탓에 진보 진영으로 여론이 쏠린다고 판단한 것이다.

잘못된 원인 파악은 선거 전략에 많은 혼선을 가져다 준다. 이를 주장한 사람은 보수 정당의 선거를 이끈 황교안 전 대표였다. 황 대표의 깜짝 발언에도 보수 정당의 지지율에는 아무런 영향이 없었다. 여론의 흐름을 미리 파악하지 못하는 보수의 현실을 여실히 드러나는 장면이다. 수년째 이어진 선거 국면에서 여론의 흐름, 즉 'No보수' 세력이라는 보이지 않는 유리천장을 보지 못했기 때문에 벌어진 황망한 일이었다. 보수가 정세 판단 능력이 없는 집단이었는지, 능력이 사라진 것인지 가늠이 안 될 정도로 안타까운 장면이다. '무능 보수'라는 나쁜 이미지는 더욱 강조된 셈이다.

No보수는 이제는 보수 세력이 정확하게 알아야 하는 집단이다. 이들은 '보수가 정말 싫어'라는 안티-보수, 보수 혐오의 정서를 공유하면서 선거 때마다 보수의 선거 패배를 이끄는 거대한 흐름이 되고 있다. 이제 한국 정치의 키워드는 'No보수'다.

　　　　　　　　　　　　　　　　　　　보수의 몰락

No보수 그들은 누구인가

규모

신흥 정치 집단인 No보수는 1200만 명 정도의 정치 집단을 유지하는 것으로 추정된다. No보수는 우리 인구의 5분의 1이 넘는다. 선거판을 뒤흔드는 최대 규모의 정치 집단이다. 역대 대선 가운데 가장 투표율이 높았던 2017년 5월 대선에서 문재인 당시 후보가 획득한 표가 1300만여 표다. No보수의 영향력을 짐작하게 할 만하다. 문재인 정부의 3년간 지지 여론 변화를 바탕으로 'No보수'의 집단 규모를 최소치로 추산해보면 아래와 같다.

No보수에 동조하는 이들은 50대, 865만 명의 37%, 40대, 836만 명의 45%, 30대, 699만 명의 43%, 10대와 20대, 775만 명의 35%로 추정할 수 있다. 이 데이터는 조국 사태로 인해 문 정부의 지지율이 가장 낮을 때(긍정 39%/부정 53%)의 여론조사를 기반으로 추정한 것으로 No보수 규모가 가장 줄어든 시점이라 하겠다.[047] 1200만 명은 서울 전체 인구 970만 명보다 많고, 경기도 인구 1300만 명에 조금 모자란 숫자이다.

No보수가 움직이면 선거판이 요동치는 것은 당연한 결과다. 기존에 알려진 정치 집단 가운데 가장 큰 조직이 86세대다. 한국에

---

047 한국갤럽, 데일리오피니언 제374호(2019년 10월 3주), 재인용
https://www.gallup.co.kr/gallupdb/reportContent.asp?seqNo=1053

서 가장 동질적이고 강력한 정치 집단인 86세대와 그를 따르는 동류 집단은 대략 350~400만 명 정도로 보인다. 1200만 명의 No보수가 얼마나 큰 규모를 가진 집단인지 알 수 있는 대목이다.

역사성

No보수는 노무현 정부를 겪으면서 형성된 고도로 정치화된 지각력을 지닌 집단이다. 노무현 정부 시절 정치 이슈를 체득했으며 이명박 정부 시절에는 거리에서 체계적으로 조직화됐고, 박근혜 정부에서는 현직 대통령 탄핵을 이끌어내는데 동참한 시민 조직이다. 10년 사이에 두 명의 대통령을 상대로 강력한 집단의사를 관철시켰다는 점에서 86세대를 잇는 시민 정치 집단으로 불릴 수 있다. 새로운 집단은 86세대의 정치 DNA를 이어 받았다.

조직

No보수의 조직은 디지털 유목 집단이다. 말 그대로 리더가 없는 인터넷 시대의 점조직으로 이뤄져 있다. 평소에는 정치 여론을 접하는 인터넷 게시판이나 포털사이트 뉴스 댓글에 있기도 하고, SNS를 통해서 존재하기도 한다. 인터넷 집단이라 익명성이 강하고 나이나 지역을 뛰어넘는다. 당연히 해외에 존재하기도 한다. 이들 세대의 의사소통 방식은 직설적이고, 그 전파 속도가 지금까지의 어떤 정치 집단보다 빠르다. 디지털 리터러시 시대 속에서 인터넷 게시판이나 SNS에 자신들의 의견을 개진하고 표출하는 데 익숙하다. 트위터, 페이스북, 유튜브에도 능하고 인스타그램이나 틱톡도 자유롭게 사용한다. 또한 연령에 따라서는 다음 커뮤니티에도 있고, 자신의 사회적 지위에 따라 맘카페, 각종 동호회 등에도 포진하고 있다.

과거 정치 세력보다 더욱 많은 사안에 대해 수많은 정치, 사회 정보를 접하고 실시간으로 판단하고 있다. 집단 지성으로 이를 섭렵해가는 속성을 지녔으며 디지털 집단의 특성상 완벽한 통제가 불가능하다. 기존의 정치 문법으로 이들을 이해하거나 따라잡기는 어렵다. 이들은 90년대생이기도 하고 60년대생이기도 하기 때문이다.

대표성

No보수를 대표하는 리더나 운동권 집단은 특별히 존재하지 않는다. 디지털 집단이라서 사안에 따라 자신의 의견을 덧붙이고 주장을 피력하는 데 어느 집단보다 빠르지만 굳이 오프라인 모임을 꾸려서 자신들의 대표와 리더를 선정하지 않는다. 가두시위에서도 특정 리더가 없는 경향은 이명박 정부의 미국산 쇠고기 수입 반대 시위부터 나타나기 시작했다. 대신 진보 진영의 인플루언서의 SNS나 주장에 대해 강하게 반응하며 집단 여론을 만들고 보수 진영의 주장에 대해서는 혐오나 강력한 거부 반응을 나타낸다.

실재성

No보수가 여타 다른 디지털 집단과 차이가 나는 가장 큰 특징이 물리적인 현실 통제력이다. No보수는 인터넷에서 댓글을 달고 의견을 피력하는 수준을 넘어서서 실질적인 물리력을 현실에서 행사하는 집단이다. 이들의 물리력 동원력은 규모와 그 수준을 볼 때 전국적이며 게다가 강력한 집단 규율을 가지고 있다. 이런 성향은 일본 불매운동에서 잘 드러났다.

특성

포노 폴리티쿠스(모바일 정치 인종)이다. 모바일 집단이다. 이들의 주된 의사소통 방식은 모바일 기기이다. 많은 정치 담론을 휴대기기를 통해서 소화하고 있다. 이들은 사진을 찍고 올리고 평가하고 지나간다. 각종 휴대기기를 이용해 자신들의 의지를 관철시키고 규율을 행사하는데 사용하는 등 모바일 기기를 여러 방식으로 사용한다. 그 방식은 집단지성으로 이뤄져 새로운 방식을 만들어내기도 한다.

성향

안티 팬덤과 피아 구분에 따른 혐오 정서가 강하다. 군국주의 국가였던 일본을 혐오하고 사물 판단에 있어서 디지털 집단의 특징과 유사하게 강한 여론몰이 성향이 있다. 옳고 그름이란 이분법적 논리가 강력하다. 집단주의 성향이나 집단 내 위계질서에 대한 욕구가 강력하다. 같은 진영이나 편에 속한다고 생각해도 공론과 다른 소수 의견을 내는 내부자에게 더욱 가혹한 비판에 나서는 경향이 있다. 예를 들어 민주당 당론을 거부한 의원에 대해 거센 비판이 쏟아지는 것도 그와 비슷하다. 옳고 그름에 민감하기에 찬성과 반대의 진영 이슈가 생길 경우 집결하는 성향이 높다.

No보수는 정치적으로 세대별의 특징이 있으나 진보 No보수, 중도 No보수, 무당층 No보수, 반진보 No보수 등 다양한 정치적 스펙트럼으로 파악되며 이들을 묶는 기반은 '보수 혐오' 정서다. No보수는 혐오 대상에는 근본주의적 입장을 개진하며 찬성과 반대를 피아로 전환시키는 집단적 속성을 가지고 있다. 특정 인물이나 주장에 대한 강력한 지지 과정에서 자신들의 입장을 관철시키며 이과정에서 합리성을 벗어난 모습을 보이기도 한다.

86세대와 No보수

No보수와 비교 가능한 대규모 정치 집단은 86세대로 불리는 정치 집단이 있겠다. 40년 동안 대중 정치 집단 가운데 가장 강력한 집단으로 평가되는 86세대와의 비교는 No보수라는 새로운 정치 집단의 특성을 이해하는데 상당한 도움을 준다. 86세대는 80년대 민주화라는 담론을 바탕으로 사회 운동에 적극 나선 대학생 정치 집단으로 운동권의 일부 세력을 뜻하는 말이었다. 대학 간 연합이라는 대규모 학생운동을 거치며 대중 정치 운동까지 이끌어낸 집단이다. 86세대란, 80년대 대학생, 당시 사회의 예비 엘리트란 독점적 위치를 바탕으로 활발한 대중 정치 운동에 나섰던 60년대 생을 지칭하는 용어였다. 이후 86세대란 용어는 다른 세대에 비해 진보 진영에 동조하는 정치 성향이 두드러진 60년대 생들을 아우르는 사회 용어로 자리 잡았다. 86세대는 30대의 젊은 나이에 제도권 정치 입성에 성공해 노무현 정부의 탄생과 함께 신진 정치 세력으로 주목 받기도 했다. 86세대는 집단을 일컫는 용어이기도 하지만 86 출신의 정치인 그룹이나 86세대가 포진한 시민 사회 단체의 대표급 인사를 지칭하기도 한다.

규모

86세대의 규모는 진보 진영에 대한 지지율 여론조사를 기반으로 대략적으로 추산하면 340만 명에서 400만 명 정도가 86세대 집단의 최대치라는 추정이 가능하다.[048] 86세대가 속한 60년대 생 인구는 약 860만 명이다. 대학 내에서 운동권이었던 학생 정치 집단은 소수에 불과했겠지만 시간이 흐를수록 86세대 집단의 지평이 넓어진 것으로 보인다. 50대(60년생은 2020년, 60대로 올라섰다)의 경

---

048 시사인 21대 총선 유권자 인식조사 결과표. 중앙선거여론조사 심의위원회(2020. 4)
https://www.nesdc.go.kr/files/result/202005/FILE_202004240631287850.pdf.htm

우 2020년 총선 여론조사에서 더불어민주당 지지율은 56%였고, 2012년 대선에서 문재인 후보를 지지한 40대는 59%였다. 이 수치들을 86세대의 최대치로 잡으면 480만 명 정도다.

역사성

86세대는 운동권 세대라고도 불린다. 20대에는 권위주의에서 민주화로의 이행을 이끌었다. 30대와 40대에는 노무현 전 대통령을 한국 정치사의 전면에 세웠다. 86세대도 학생 운동권 리더들은 국회와 지역 정계 등 기성 정치계로 속속 진출했다. 30대였던 86세대의 진출은 한국 정치의 세대교체를 이뤄낸 것이란 평가도 받는다. 노무현 정부가 몰락하며 새로 집권한 이명박 정부에 반감이 강했다. 이명박 정부 당시 사회 주도 세력이 86 이전 세대로 바뀐 것에 대해 거세게 반발했다. 정치적으로 진보적이지만 경제적인 기득권 유지에는 양보가 없다는 평가가 최근 나오고 있다. 이미 50대에 올라선 그들은 한국 사회의 중추적인 역할을 한 세대다. IMF 시절 대규모 구조 조정에서 살아남아 그 후 각 조직의 핵심 세대로 떠올랐다. 86세대는 사회에서 중산층이자 기득권으로 올라섰지만 정치 분야에서는 진보 성향을 이어가면서 '고령화─보수 지지 전환'이라는 기존 선거 공학과는 다른 집단으로 지목받아왔다. 86세대는 문화예술계에도 상당한 저변을 가지고 있다.

대표성

80년대 학생운동 당시 총학생회장이나 학생운동권 그룹의 지도층이나 대표 집단이 존재했고 이들 중 상당수가 정치계에 입문해서 정치인으로 활동하고 있다. 진보 진영의 배후 진영인 시민사회 단체에서도 주축 세력이다. 일부는 보수 정계로 진출하기도 했다.

실재성

80년대 대학 내 시위와 서울역 광장 집회에서의 주력 세력으로 떠오르면서 장외 정치에서 존재감을 드러냈다. 1987년의 사회운동을 86세대가 보여준 현실 동원력의 최정점으로 봐야 할 것이다. 이들은 중장년이 되어서도 넥타이 부대로 각종 시위에 참여했으며, 인터넷 공간에서 진보 담론을 활발하게 전파하는 메신저 역할을 해왔다. 유권자 구성을 보면, 86세대가 속한 50대는 2020년 선관위 기준으로 전체 유권자의 20%로 연령대별 집단 가운데 가장 큰 규모다.

속성

86세대는 사회적 네트워크가 활발한 집단이다. 80년대 대학 간 연합의 기반을 닦았으며 집단 문화에 강한 성향을 보였다. 이후 인터넷 발달에 따라 웹커뮤니티 문화에 빠르게 적응하며 디지털 세계에 진보 정치 담론을 전파하는 집단으로 거듭났다. 86세대는 60

대로 진입하고 있으며 한국 사회를 호령한 정치 집단은 점점 사회로부터의 은퇴를 앞두고 있다.

文 정부와 No보수

진보 진영은 '연합 세력'이다. 친노 세력과 운동권 86정치인의 연합이 현재 진보 정치 세력의 권력 합작 방식이다.[049] 문 정부와 진보 여당이 원조 친노 출신 정치인과 문 정부에 입성한 친문 정치인, 그리고 운동권 세력인 86정치인이 연합된 야권 연대 세력이듯, 진보 진영은 다양한 세력과의 합종 연대를 통해서 권력을 운영하는 방식에 상당히 특화된 집단이다. 문 대통령도 2012년 대선에서는 안철수 후보와 연합하기도 했고, 노무현 전 대통령도 2002년 대선에서 다른 당인 정몽준 후보와의 단일화를 진행하기도 했다.

진보는 강력한 세력과의 연합을 늘 고민하고 있다. 진보에게 세력 간의 연합은 국정 운영이나 선거 승리를 위한 저변을 넓히는 방식이며 보수라는 사회 주도 세력에 맞서 몸집을 키워온 방식이다. 이 글을 읽는 독자들은 진보 진영이 이미 No보수 집단과의 밀월을 시작했다는 점을 알아채기 시작했을 것이다. 그것도 상당히 오

---

049 與 친문·운동권 현역 대부분 '공천 불패', 조선일보(2020. 3. 9)
      http://news.chosun.com/site/data/html_dir/2020/03/09/2020030900128.html

래 전부터 말이다. 제도권 정치에 있던 민주 진영과 운동권 세력의 조합 이후 과거사 문제나 정부 세력의 단죄와 처벌이 새롭게 강화된 '정의'라는 이름으로 진보 진영의 주요 화두가 되었듯 No보수 세력과의 조합은 한국에 새로운 정치 지형을 가져다 줬다. 보수가 쉽게 이해할 수 없는 진보 진영의 행동이 나타나기 시작했다. 새로운 세력과의 연합을 꾸준히 이어가기 위해서는 적극적인 정치적 구애의 움직임이 필수적인 것이다.

Chapter 03

죽창가와
진보 권력

—— 가장 뛰어난 예언자는 과거이다.

01.

쇼-통과 No보수

문재인 정부의 특이한 행보에 대해
생각나는 것이 있는가. 집권 초기부터 나타난 현상인데 바로 쇼-
통(Show-通) 논란이다. 보수 야권에서 소통을 비틀어서 작어를 한
것인데, 영어의 쇼(show)와 소통을 적절하게 섞어서 지었다. 문재
인 대통령의 중요 행사가 소통이 아니라 쇼로 흐르는 현상을 지
적한 것이다. 대통령이 직접 나서서 깜짝 행사를 벌이며 이벤트
성 연출에 과도하게 공을 들이고 음악회 분위기의 감성적인 공연
이 잦은 것에 대해 정치권은 물론 많은 언론이 집권 초부터 문제점
이라고 꾸준히 지적해왔다. 한 언론의 논설위원은 이런 문 정부의
이벤트 집중현상을 질타하기도 했다.

인디밴드의 음악에 맞춰 참석자들이 어깨를 들썩거릴 때만 해도

그는 그런 혹평이 나올 줄 몰랐을 것이다. (중략) '주인공' 문재인 대통령이 등장하는 토크쇼를 기획하면서 그는 또 한 번 찬사를 기대했을 것이다. (중략) 하지만 '찰떡도 한두 끼'라고 했다. 파격도 지나치면 식상하고, 소통도 '쇼통'의 쉰 냄새를 풍기는 법이다.[050]

문 정부의 이벤트가 어느 정도 중요한지를 보여주는 일화가 또 있다. 행사를 전담하는 선임행정관이 과거 책에 썼던 여성 비하성 표현이 논란이 되자 여성계가 크게 반발하고 나섰지만, 문 대통령의 청와대는 그를 포기하지 않았다.[051] 미투(me-too) 정국인데다 행정관이 문 대통령과 인연이 깊은 측근이어서 논란이 더욱 번졌지만 청와대의 판단은 그를 지키는 것이었다. 그리고 총선이 끝난 2020년, 임기 막바지로 향하는 청와대는 논란이 일 것이 뻔한데 행사를 담당한 그의 직급을 올려 다시 불러들였다.

문재인 정부가 여성계의 반발을 감수하고도 행사 기획을 전담한 행정관을 지키고, 또다시 논란을 감수하고 대통령 곁으로 불러오는 것은 상식적으로는 이해하기 쉬운 의사결정은 아니다. 집권 말로 향하는 정권에는 작은 논란이라도 없는 것이 중요하기 때문

---

050 [지평선] '또 탁현민', 한국일보(2017. 8. 25)
      https://www.hankookilbo.com/News/Read/201708251565585183

051 [모닝브리핑] '文의 남자' 탁현민, 여성 비하 논란에도 靑 복귀 이유, 조선일보(2020. 5. 27)
      http://news.chosun.com/site/data/html_dir/2020/05/27/2020052700366.htmlhttps://news.chosun.com/
      site/data/html_dir/2020/05/27/2020052700366.html?utm_source=naver&utm_medium=original&utm_
      campaign=news

이다. 문 정부 입장에서는 쇼와 이벤트가 웬만한 논란보다 중요하다는 의미이기도 하다. 문 정부의 주요 지지층 가운데 하나인 여성운동계와 껄끄러운 상황을 만들면서까지 청와대가 쇼와 이벤트에 집착하는 이유는 무엇인가. 문 정부의 이런 '쇼-통'에 대한 집착은 행사를 기획해온 당사자도 청와대를 떠나서 보니 이해가 잘 가지 않는 면도 있었던 것 같다.

> "소통의 총량이 적지 않고 대통령이 생각하시는 바를 언제든 국민에게 이야기할 수 있는 환경이 만들어졌는데 이렇게 또 국민과의 대화를 별도의 시간을 내서 한다는 것에 대해서 아직까지 제가 이해를 잘 못하고 있다"고 말했다.[052]

왜 쇼와 이벤트인가. 진보 정부와 '쇼와 이벤트'는 어떤 연관성을 지니는 것인가. 보수 진영으로서는 제대로 이해할 수 없는 현상이다. 진보 진영은 왜 감성적이고 자극적인 이벤트를 꾸준히 진행하는가.

5. 18 광주 민주화운동 기념식에서는 돌아가신 아버지를 부르며 눈물 흘린 유가족을 안아줬고[김소형 / 5. 18 희생자 유족: 제가 너무

---

052 탁현민 "文, 국민과의 대화 왜 하는지 모르겠다" 해놓고 논란 일자 언론 탓, 한국경제(2019. 11. 19)
https://www.hankyung.com/politics/article/201911198013H

꽉 껴안아서, 아빠 같아서⋯], 현충일 행사장에서는 거동이 불편한 한국전쟁 참전 용사를 무대까지 올라가 부축해 내려왔습니다.[053]

2017년 제37주년 5.18광주 민주화운동 기념식

수년간 비슷한 상황은 이어졌다. 대통령과 유명 연예인이 함께 하는 행사가 공식처럼 되풀이 됐다. 대통령이 참가한 전국 각지의 추모 행사에는 가수 이효리, 방송인 김제동, 가수 이은미 등 유명 연예인이 나서 시를 낭독하거나, 눈물의 사회를 보거나, 노래를 부르며 절절한 '감성 코드'를 만들어냈다.

이효리는 3일 오전 제주 4.3 평화공원에서 열린 '제70주년 4.3희생자 추념식'에 참석했다. 이날 문재인 대통령 내외, 여야 정당 대표, 희생자 가족 등이 참석한 가운데 경건한 분위기 속에서 진행됐다.[054]

2018년 제70주년 4.3희생자 추념식

053 끌어안고 무릎 꿇고⋯ 권위 내려놓은 대통령, YTN(2017. 6. 8)
     https://www.ytn.co.kr/_ln/0101_201706082222172585
054 '제주 4.3사건' 이효리·루시드폴·이은미, '추모시·노래'로 희생자 위로, 스포츠조선(2018. 4. 3)
     https://sports.chosun.com/news/ntype.htm?id=201804040100020340001324&servicedate=20180403

보수의 몰락

가수 김필이 제40주년 5.18 민주화운동 기념식에서 김광진의 '편지'를 열창했다. 18일 광주 5.18민주광장(옛 전남도청 앞)에서 제40주년 5.18 민주화운동 기념식이 열렸다. (중략) 기념식 진행을 맡은 김제동은 5.18 유족들 앞에서 무릎을 꿇고 눈을 마주치며 인사를 건네기도 했다.[055]

2020년 제40주년 5.18 민주화운동 기념식

연예인의 참석은 오래된 역사적 사안에 대해 대중의 공감과 관심을 쉽게 끌어낼 수 있다는 점에서 필요한 부분도 있을 수 있다. 문제는 문 대통령의 주요 행사가 지나치게 이미지 위주, 이벤트 중심으로 흐른다는 것이었다. 평론가나 언론인들은 문 정부의 대통령 행사가 '알맹이'가 없다는 비판을 쏟아낸다. 진보 진영 인사들도 문 정부의 행사가 쇼나 이벤트 정치로 흐르는 점을 인정한다. 한 방송에 나온 유시민 작가는 아예 한국 정치는 "대중정치는 불가피한 쇼비지니스"라는 어록까지 남겼다.

유시민(작가)은 "문재인 대통령이 연휴 기간에 칼국수집도 가고 했는데 쇼통이라고 야당에서 뭐라고 한다. 대중정치는 쇼비즈니스다. 그것만으로 정치하는 건 아니지만 불가피하게 쇼비즈니스

055 김필 '편지' 열창·김제동 사회… 5.18 민주화운동 기념식 이모저모, 한국경제(2020. 5. 18)
https://www.hankyung.com/society/article/202005188394H

일 수밖에 없다.[056]

'국민과의 대화'는 문재인 대통령이 국민과 직접 소통한다는 취지는 좋았으나 결과적으로는 보여주기 쇼에 그치고 말았다. 질문은 겉돌았고, 답변 역시 원론적 수준에 그쳐 현안과 관련한 궁금증을 해소하기에 턱없이 부족했고 답답했기 때문이다.[057]

할수록 비판 받을 일을 문 정부가 왜 이렇게 강행하는지에 대해서 보수 세력은 알지 못한다. 이런 비판이면 메시지는 충실히 하고 이벤트 요소를 줄이면 될 것 같으나 문 정부의 행사는 변화가 없다. 임기 말에도 쇼와 이벤트는 계속될 전망이다. 이벤트를 기획해온 전 선임행정관은 청와대 비서관으로 문 정부의 행사를 진두지휘할 것이다. 그저 의아해할 뿐이다.

문재인 정부, 그리고 청와대가 소통에 심혈을 기울이는 것은 기존의 제도권 언론인이나 정치인들을 위한 것이 아닌 것은 분명하다. 복잡한 정치적인 내용보다는 감성적이고 즉흥적인 콘텐츠가

---

056 〈썰전〉 유시민X박형준 "안철수, 이왕 소통 할 거면 잘해야", 뉴스엔(2017. 10. 12)
https://www.newsen.com/news_view.php?uid=201710122331312410

057 [사설] 2시간 내내 답답함과 아쉬움 남긴 '국민과의 대화', 중앙일보(2019. 11. 20)
https://news.joins.com/article/23637068

통하거나 필요한 대상을 향하고 있다.

　문 정부가 바라보는 대상은 누구인가. 문 정부 행사의 특징이 있다. 문 정부가 이벤트를 통해서 지속적으로 강조하는 이미지가 있다. 바로 '정의, 올바름'이라는 이미지다. 사건의 역사적 맥락보다는 '슬픔, 비통, 피해자, 약자'라는 이미지 부각과 대통령과 진보 진영이 행사에 참석해 만들어내는 '정의로운 대통령', '약자를 위한 진보 진영'이라는 메시지를 끊임없이 전파한다.

　문 정부는 노무현 전 대통령이 '역사 바로 세우기'란 과정을 통해 만들려고 했던 보수와 진보의 세계를 추모행사에서 이벤트라는 요소를 가미해 이미지 정치로 다시 풀어내고 있는 것이다. 즉 '진보는 옳고 정의롭다'는 이미지를 꾸준히 지지층에게 보내고 있는 것이다. 꾸준한 지지층 포섭이 무엇보다 중요하다는 점을 보수 집권 9년을 거치면서 문 대통령은 누구보다 몸으로 체감했기에 알고 있을 것이다.

　'정의로운 진보', 과거 역사의 현장에서 늘 정의라는 단어를 가져가기 위해 노력하는 진보 권력. 이는 2020년 한국 사회를 움직이는 거대한 정치 집단이 '정의'라는 단어에 민감하기 때문에 벌어지는 현상이다. '약자의 편, 옳은 것, 정의로운 것'. 이 단어들에서 진보 진영이 멀어지는 순간 새로운 정치 집단은 권력을 공격할 수도 있다는 정세적 판단이 현 정부를 계속 이벤트 효과에 집착하도록 만들고 있다.

청와대만 그런 것은 아니다. 진보 여당인 더불어민주당도 이와 유사한 모습을 보이고 있다. 진보 여당인 더불어민주당의 입법 양상도 동일한 궤적을 그린다. 노무현식 양극화 정치가 낳은 폐단이 정부 여당에도 깊숙이 박혀 있다. 정의를 선점하라는 강박은 진보 진영 곳곳에서 보인다. 입법 논의가 여론몰이 형식으로 다뤄지는 한국의 정치 양상에 대해 균형이 무너진 국회는 제동을 걸지 못한다. 진보와 피해자를 옹호하는 여론이 순간적으로 너무나 강하기 때문이다. 법안 통과 뒤 청와대 청원까지 제기되며 처벌 양형 논란이 생긴 '민식이법'의 경우도 그런 진보의 특정 성향이 만들어낸 슬픈 현실이다.[058]

진보 진영은 정의로운 법안을 만들겠다는 과정에서 법안의 문제점을 지적하는 여론이나, 법체계 안에서의 형평성을 거론하는 보수 진영 및 여타 반발을 모두 백안시했다. 입법을 둘러싼 갈등 국면이 온 국민의 관심사로 떠오르자 진보 진영은 물론 보수 진영도 쉽게 법안에 대한 문제 제기를 하지 못했다. 진보 진영은 법안 발의 과정에서 해당 법이 초래할 문제점을 충분히 알았지만 물러설 수 없었던 것으로 보인다. 패스트트랙 정국에서 '민식이법'이 가진 상징성이 너무 강했던 것도 있었다. 그래서 법안을 통과시키는 데

---

058 '민식이법 개정해달라' 청원에 靑 "입법 취지·사회적 합의 이해해달라", 조선비즈(2020. 5. 20)
https://biz.chosun.com/site/data/html_dir/2020/05/20/2020052002987.html?utm_source=naver&utm_medium=original&utm_campaign=biz

보수의 몰락

만 주력하는 모습을 보였다. 깊은 슬픔에 빠진 피해자를 대변하는 법안에 대한 일체의 반대 목소리는 나쁜 것이고 피해자를 폄훼하는 모습으로 비인간적인 정치 행태로 치부됐다. 법안을 추진한 진보는 여론의 주목을 받으며 정의로움의 상징으로 떠올랐다. 법안 통과에 발목을 잡은 것으로 지목된 보수 진영은 혐오의 대상이 됐다.

> 나경원 자유한국당 원내대표는 이와 관련해 긴급 기자회견에서 "수많은 민생 법안에 대해 고민하고 있다. 민식이 어머니 아버님, 하준이 어머니 아버님, 해인이 어머니 아버님. 저희도 이 법안 통과시키고 싶다"며 "국회의장에게 제안한다. 선거법을 상정하지 않는 조건이라면 민식이법을 먼저 상정해서 통과시킬 것을 제안한다"고만 했다. 이렇게 '민식이법' 등 어린이생명안전법안도 처리가 불투명해지면서 본회의를 손꼽아 기다렸던 유가족들은 충격에 빠졌다. 이들은 국회 정론관에서 기자회견을 열고 "왜 떠나간 우리 아이들이 협상카드로 쓰여야 하느냐"며 통곡했다.[059]

입법 과정에서도 진보의 이미지 정치는 계속되고 있는 것이다. 피해자의 눈물과 절규의 호소가 만들어낸 압도적인 여론에 보수 진영의 의원은 1명을 빼고 모두 법안 통과에 찬성했다.

---

059 '민식이법' 부모들 "'나도 엄마'라던 나경원에 이용당해"(영상), 더팩트(2019. 11. 30) http://news.tf.co.kr/read/ptoday/1769960.htm

강효상 미래통합당 의원만 민식이법에 유일하게 반대표를 던졌다. 강 의원은 당시 "교통사고로 사망을 야기한 과실이 사실상 살인행위와 비슷한 음주운전 사망사고, 강도 등 중범죄의 형량과 비슷하거나 더 높아서는 안 된다"고 했었다.[060]

법안이 통과됐고 진보는 피해자를 돕는 정의 세력의 이름으로 승리했다. 강력한 여론과 긴밀한 협업을 벌이는 진보 진영인 것이다. 몇 달이 지난 지금, 법안에 대한 반발이 거세졌고 민주당 내에서도 법안 개정의 목소리가 나오기 시작했다. 양극화 정치와 이벤트 정치의 폐단이 과도한 법안을 만들어낸 것이다.

자식을 잃은 피해자 입장을 백분 고려해야 하지만 법은 법체계 안에서 균형을 맞춰야 하는 것이 법치를 기반으로 하는 민주주의 사회의 기본이다. 강한 입법이 이뤄질 수 있지만 지나친 입법은 오히려 사회 갈등의 씨앗이 된다. 피해를 보듬고 줄이자는 법의 입법 취지가 왜곡되는 것이다. 이러한 입법으로 인한 피해자는 누가 될까. 물론 또 다른 시민이다.

'민식이법 개정을 청원합니다'라는 제목의 청와대 청원 글에는 35만 4857여 명이 동의했다. 3월 23일 처음 게시되고 열흘 만

060   민주당, '민식이법' 주도해놓고 시행 한 달 만에 개정 목소리, 조선일보(2020. 5. 5)
    http://news.chosun.com/site/data/html_dir/2020/05/05/2020050500851.html

에 청와대나 정부 관계자의 답변 기준인 20만 명을 넘어섰다.[061] 법안을 주도한 여당 의원 측은 법안의 부작용은 법정에서 해결될 수 있다는 입장을 밝힌 것으로 언론에 보도됐다.

> 민식이법을 발의한 강훈식 민주당 의원실 관계자는 한경닷컴과의 통화에서 "규정 속도를 지켰는데 사망사고가 발생하기는 아주 힘들다"면서 "법안에는 사망사고 시 징역 3년 이상이라고 적시되긴 했지만 법정에서 얼마든지 감형될 수 있다. 규정 속도를 지키고 아이가 갑자기 튀어나오는 등 사정이 있다면 감형될 것"이라고 설명했다.[062]

법 제정에 따른 사회적 갈등은 사고 당사자들과 법정으로 옮겨지고 정작 법을 만든 진보 정당은 책임지지 않게 되는 것이다. '정의'는 진보 의원 몫이고, '혐오'는 보수 의원 것이고, '논란과 피해'는 시민 몫이다. '민식이법' 제정을 바란 피해 유가족도 이런 상황과 논란을 바라지는 않았을 것이다. 진보 진영의 입법으로 현실은 혼란스럽기 그지없게 돌아가고 있다. 유가족들은 가슴에 큰 멍이

---

061 '민식이법' 발의한 강훈식 "법 개정 일러, 좀 더 지켜보자", 한국경제(2020. 5. 27)
      https://www.hankyung.com/politics/article/2020052718167
062 '민식이법' 통과되자 펑펑 운 민식이 부모… "그동안 보수 진영 공격받아 얼굴 반쪽", 한국경제
      (2019. 12. 10) https://www.hankyung.com/politics/article/2019121047987

생겼을 것이다. 법안 통과에 반대한다고 생각되던 보수 진영에 대한 뿌리 깊은 실망과 자신들을 비난하는 시민의 항의에 지치고 억울한 마음은 더욱 힘들어졌을 것으로 보인다. 이것이 진보 정당이 만든 법안 통과의 이면이다. 반대 여론으로부터 거센 비판을 받는 피해자 부모와 새로운 법에 의해 과잉 처벌을 받게 되는 시민이 가장 큰 어려움을 겪는 이들이 되는 법안이 만들어진 것이다. 누가 이런 상황을 만들게 됐는지 언젠가는 시민들은 따져 물을 것이다.

더욱이 진보 진영의 입법 과정에는 이와 유사한 논리가 적용되는 경우가 많다. 진보는 끊임없이 정국 운영권을 주도하고 여론으로 보수 진영을 압박할 수 있는 입법을 발굴하고 여의도로 끌어들인다. 그런 입법에는 핵심적인 요소가 있다. 하나, 갈등이 있어야 한다. 특히 보수 진영이 법안을 반대해야 한다. 둘, 법안 처리 정국에서 진보 진영이 관철시키고 싶어하는 다른 법안이 이면에 존재해야 한다. '민식이법' 처리 국면에서 진보가 관철하고 싶었던 개정 선거법과 공수처법이 이면에 있었던 것처럼 말이다.

쇼통과 이벤트, 두 가지 모두가 극단화된 한국의 여론 지형에서 기인한다는 것으로 볼 수 있다. 자극적인 여론을 찾아다니고 혐오를 부추기는 한국의 여론 집단이 있다. 진보 진영은 그 집단과의 협업을 아주 중요하게 생각한다. 다시 첫 질문으로 돌아가자. 문정부와 진보 여당은 무엇을 위해 감성적이고 이벤트 요소가 다분한 행사에 몰두하는 것인가. 우리는 이 모든 대목에서 진보 진영이 타깃으로 하는 거대한 정치 집단을 떠올릴 수밖에 없다. 정의를 강조하면서 자연스럽게 현실에게 이를 반대하는 세력을 악이나 적을 만들어내고 혐오 정서를 덧붙여서 진보 대통령과 진보 여당에 대한 지지율을 높이는 일련의 정치 행위를 인식해야 한다. 그런 강력한 자극에 반응하는 디지털 정치 집단이 한국 사회를 뒤덮고 있다는 사실도 알아야 한다.

문재인 대통령, 그가 등장하는 행사에는 어김없이 연예인이나 가수가 나타난다. 심금을 울리는 노래도 빠지지 않는다. 끊임없이 문 대통령은 '정의'를 강조하고, 오랜 역사의 한 장면을 거론하며 슬픔과 분노를 강조하는 그런 일련의 정치 행위의 진정한 의도를 이해해야 한다. 그것이 옳고 그름을 떠나 지금 한국 사회의 여론 지형을 장악한 거대한 디지털 세력, No보수 세력이 그런 쇼와 이벤트에만 만족하고 반응한다는 사실 말이다.

문 정부와 진보 정당은 거대한 정치 거인을 늘 만족시키기 위해 최선을 다하고 있다. No보수 세력이야말로 이벤트적 요소에 치중하는 문 정부와 진보 여당의 기이한 행동을 이해할 수 있는 유일한 해답이다.

02.

적폐청산과 강력한 거인

아주 예민하고 현명한 독자라면 기억할 것이다. 현 정부를 만든 전직 대통령의 탄핵은 청와대를 차지한 진보 진영이 선도적으로 제기한 것이 아니었다. 탄핵이란 구호는 이재명 당시 성남시장에 의해 먼저 제기됐다. 지금의 진보 정당 주류 세력은 '대통령 퇴진' 정도를 주장하는 정도였다. 모든 이들이 알듯 2012년 대선 패배 이후 문재인 낙선자는 험한 시기를 보냈다. 당 대표 자리도, 보수 출신 비대위원장에게 맡겨야 할 정도로 정치적으로 위태로운 시기를 보냈다. 그런 진보 진영이지만 2016년 10월 이후 순탄한 길을 걷고 있다.

탄핵을 누가 먼저 주장했든 문재인 대통령은 경선을 통과해 무난히 대통령의 자리에 올랐다. 진보 진영이 야심차게 책으로 써내려가면서 만들어낸 문재인의 '운명'이란 신화가 실제 하는지도 모른다. 여론 조사를 전문적으로 하는 분석가들은 운명은 믿지 않는다. 문 정부가 출범하고 순항할 수 있는 근본적인 이유는 민심이 향하고자 하는 방향과 현재의 진보 정당이 가는 방향이 같은 방향이기 때문이다. 우연이 아닌 것은 확실하다. '퇴진과 탄핵'이라는 기로에서 진보 야당이 재빠르게 탄핵의 흐름 위에 올라탄 것처럼 진보 진영은 깊은 고민을 바탕으로 권력을 쟁취하기 위해 부단히 그리고 기민하게 움직이는, 수권을 위해 노력하는 정치 집단임은 분명하다.

그런 배경을 바탕으로 문재인 정부와 진보 여당은 탄핵 이후 3년을 순조롭게 항해해온 것이다. 탄핵 정국에도 불구하고 41%의 득표율이라는 지지를 받고 당선된 문 대통령은 임기 초반 80%의 지지율을 기록하고, 총선 끝난 지금 집권 3년차를 맞은 역대 대통령 가운데 최고치 지지율을 기록하고 있다. 득표율과 지지율이 똑같지는 않지만, 무려 40%에 가까운 지지율이 올라간 것인데 1300만 표의 지지를 받은 문 대통령의 현 상황을 추산해보면 19대 대선 투표율을 가정할 때 2700만의 적극적인 지지를 받고 있는 것으로 볼 수 있다.

문 정부가 이렇게 순풍에 돛을 단 배가 된 이유는 바로 거대 정치 집단과의 긴밀한 관계 설정에 애써온 부단한 노력 탓이다. 문 정부는 No보수라는 거대한 정치 집단과 밀월 관계를 유지하며 그 주변의 중도층마저 흡수해 강력한 국정 운영의 동력을 삼고 있는 것이다. 거듭 강조하지만 문 정부가 단순히 앉아 있는 것은 아니었다. 그런 의미에서 진보 정부는 '아마추어 정부'로 불리던 노무현 정부와 비교해 한층 강력한 세력으로 거듭난 것은 분명하다. 문재인 대통령은 노무현 정부의 핵심 인사로 정치권에 발을 들인 뒤 민심과 이반된 정부가 얼마나 위험한 상황에 놓이는지를 몸소 경험했다. 야당 지도자로 이명박 정부와 박근혜 정부를 경험하면서 민심을 거스른다는 것이 정치 집단의 정치적인 생명은 물론 구성원의 물리적인 생명까지도 걸어야 할 정도로 위험한 사태를 초래한다는 사실을 가장 잘 아는 정치인이다.

문 정부는 자신들을 지지할 여론 집단이 구체적으로 무엇을 원하는지도 적극적으로 파악해서 그 집단의 욕구를 맞춰주는 방식으로 국정을 운영했다. 쇼와 이벤트의 성향이 한층 더 강해졌다. 41%의 지지율, 그리고 탄핵 정국으로 요동치는 정치 정국 속에서 권력을 잡은 문 정부가 꺼내든 카드는 강력한 '적폐청산' 카드였다.

보수 집권 9년과 탄핵 정국에서 한껏 높아진 보수 혐오 정서를 문 정부와 진보 여당은 유심히 보고 있었다. 문 정부가 지지층 규합을 위해 꺼내든 최고의 이벤트가 바로 적폐청산이라고 불린 보수 청산 작업이었다. 문 정부는 적폐청산이 지지층을 향한 것임을 늘 공개적으로 주장해왔다. 로마제국에 원형경기장이 있었다면, 문 정부에는 적폐청산이 있었다. 그래서 적폐청산은 늘 국민의 명령에 따른 것이라고 되풀이해서 말해온 것이다.

문 정부는 적폐청산 정국을 통해 정국 운영의 핵심적인 사안을 모두 다 가지고 가려 했다. 정부의 우호세력 유지와 지지율 향상,

정적의 철저한 궤멸, 세 가지 효과를 모두 다 노렸다. 자극적이고 강력하게 전개된 적폐청산은 'No보수'라는 안티 팬덤 거인의 지대한 관심을 지지 기반이 약하게 시작한 문 정부에 묶어두게 했다. 또 동시에 진보 세력은 정치적 반대 세력을 궤멸시키고 그 과정에서 나온 보수에 대한 갖가지 추문을 확대재생산하며 또다시 문 정부에 대한 지지로 이끌어내는 강력한 구조를 노렸다.

전직 대통령이 구속되는 등 청산 작업이 강력해질수록 No보수 세력은 문 정부에 집결했고, 보수 혐오 현상은 한국 사회를 온통 뒤덮는 것과 같은 여론이 형성됐다. '혐오'는 보수의 낙인이 되고, '정의'는 문재인 정부와 진보 여당의 상징이 됐다. 그런 압도적인 적폐청산 이벤트로 문 정부는 국정 운영의 기반을 더욱 단단하게 하는 선순환 구조에 들어선 것이다.

문 정부의 적극적인 적폐청산으로 인해 No보수의 정권에 대한 호감은 집권 초부터 예상외로 오랜 기간 유지됐다.[063] 혐오 정서가 강력했던 No보수는 보수 세력의 적나라한 피를 원했다. 이를 정권 초부터 제대로 파악한 문 정부는 통상 유력 정치인에게 주어지던 '사면'이나 '방면'은 절대 허용하지 않았다. 민심의 동향을 제대로 읽고 있는 것이었다. No보수는 무능한 보수 정치인에 대한 보다 강력한 처벌, 한 치의 양보 없는 처벌을 요구했다. 문 정부는

---

063 한국갤럽, 데일리오피니언 제282호(2017년 11월 1주), 재인용
     https://www.gallup.co.kr/gallupdb/reportContent.asp?seqNo=873

No보수의 잔인한 요구를 '국민의 명령'으로 표현하며 충실히 수행한 것이다. No보수는 임기 초 문 정부가 보여준 적폐청산에 높은 점수를 줬다. 적폐청산 정국에서 문 정부의 지지율이 꾸준히 유지됐다는 사실은 굳이 언급할 필요도 없을 것이다. 지지율은 높은 상공에서 활공했다. 강력한 진보 정부의 기반이 만들어진 것이고, 이의 핵심 조력 세력은 No보수라는 거대한 신흥 정치 집단이었다.

대통령 직무 수행 긍정 평가 이유 2017. 10. 31 ~ 11. 2 (긍정평가자 728명)		대통령 직무 수행 부정 평가 이유 2017. 10. 31 ~ 11. 2 (부정평가자 183명)	
소통 잘함/국민 공감 노력 (-4)	17%	과거사 들춤/보복 정치 (+3)	22%
개혁/적폐 청산/개혁 의지 (+4)	15%	북핵/안보 (-8)	9%
최선을 다함/열심히 한다	11%	독단적/일방적/편파적 (+4)	8%
서민 위한 노력/복지 확대 (-3)	9%	인사 문제 (+5)	7%
공약 실천	5%	보여주기식 정치	6%
일자리 창출/비정규직 정규직화	5%	경제/민생 문제 해결 부족	5%
전 정권보다 낫다	4%	과도한 복지	5%
외교 잘함	3%	원전 정책 (-8)	4%
전반적으로 잘한다	3%	친북 성향	4%

한국갤럽, 데일리오피니언 제282호(2017년 11월 1주), 재인용

No보수와의 교감

−강해진 文 정부

진보 진영의 적폐청산은 강력하기도 했거니와 적나라하게 진행됐다. 보수 정치 세력에 인권이란 없었다. 힘의 균형이 철저히 무너진 상황이었기 때문이다. '국민의 명령'이란 말 앞에서 청산이든 정치 보복이든 과정이 다소 잔인해도

보수의 몰락

문제로 떠오르지 못했다. No보수는 오히려 피비린내 나는 청산을 응원했다. 정권을 잡은 진보 세력과 거대한 여론 집단 앞에서 무장 해제 처지에 처한 보수는 MB 정부와 박근혜 정부 당시 진보 정치 세력을 향하게 됐던 칼날이 검찰이란 국가 권력기관을 통해 자신으로 한 치의 동정심 없이 날아드는 것을 봐야 했다.

민심을 읽지 못한 정치 집단에게는 가혹한 대가가 따랐다. 역사는 돌고 돌았다. 이명박 정부가 노무현 정부 인사에게 휘둘렸고(검찰), 박근혜 정부가 통합진보당이라는 급진 진보 정당을 해산하는 데 동원한 국가 권력(법원)이 이제는 집권한 진보가 손에 쥔 날카로운 칼과 기요틴(단두대)이 됐다.

후대에서 긍정과 부정의 평가는 다를 수 있지만 문재인 정부 출범 이후 보수 정치 세력에 대한 숙청 작업이 빠른 시간 내 강력하고 광범위하게 이뤄졌다는 사실 자체는 부인되지는 않을 것이다. 적폐청산이 우선이었는지 정적 제거가 우선이었는지 진보 진영의 진정한 속내는 알 수 없다.

어떤 의미로든 진보 진영에게는 정치적으로 호재였다. '폐족'으로 몰리며 힘겨운 나날을 겪었던 진보 진영에게는 사회 주도 세력이었던 보수 세력의 기반을 끊어놓을 적폐청산 국면은 마다할 이유가 없었다. 정치 세력의 독자적인 힘만으로는 절대 인위적으로 정적 청산 국면을 만들 수 없기 때문이다. 모든 진보 정치인이 그렇지는 않았겠지만 와신상담(臥薪嘗膽)하며 벼르던 진보 정치인에게는 2017년 적폐청산 국면은 고대하던 보수 세력 축출과 보복의 호기였을 것이다.

No보수와 문 정부의 이해관계는 기가 막히게 맞아떨어졌다. No보수가 기대하던 거대한 정치적 이벤트는 문 정부 집권 초 전격적으로 이뤄졌다. 최고 권력 지도자였던 전직 대통령과 유력 보수 정치인들에 대한 수사와 재판, 그리고 수감, 그리고 또 한 명의 전직 보수 대통령에 대한 수사, 모든 것이 속도감 있는 최신 미드(미국 드라마)처럼 속전속결로 벌어졌다. 두 명의 전직 대통령이 한 정권에서 수감된 것은 김영삼 대통령 당시 전두환, 노태우 대통령의 구속 수감 이후 처음이었다. 청산 국면을 되돌아보면 No보수 등 지지층의 적폐청산에 대한 관심 여론이 1년을 넘기기 힘들 것이라는 정무적 판단을 내린 것으로 볼 수밖에 없는 총력전이었다.

모든 것이 자연스러웠다. 보수 인사들의 비리 의혹이나 혐의, 혹은 확인되지 않은 의혹이나 설령 음모론이라도 실시간으로 TV를 비롯해 모든 미디어를 통해 생중계됐다. 보수 인사의 모든 혐의는 사실상 실시간으로 대국민 보고가 이뤄졌다. '사람이 먼저'라는 문 정부는 어떤 정부보다 인권에 대한 감수성이 훌륭한 정부임을 강조하지만 적폐청산 정국에서는 예외였다.

지도자급에서 끝나던 전 정권 수사는 폭과 깊이가 상당했다. 보수 집권과 관여된 정치, 사회 인사들은 쓰나미처럼 몰려오는 적폐청산의 심판을 피할 수가 없었다. 흠결이 있거나 있어야 할 만한 중요 인사는 검찰이든, 노동청 등 국가 기관의 조사, 혹은 자기가 몸담은 조직에 설치된 적폐청산을 주장하는 위원회를 통한 거센 청산의 물결을 피하지 못했다. 보수 정치인, 보수 진영에서 요직에 올랐던 군인, 고위 검사장, 보수 진영에 우호적인 고위 언론인은 사소한 전력이라 해도 비난 받을 만한 여지가 있다면 어느 기관이든 조사를 받게 됐고 그 의혹은 혐의가 되기 전에 실명까지 담겨서 아주 자세히 세상에 알려졌다.

재판도 실황중계가 됐다. 보수 인사들의 재판은 법원의 도움으로 실시간으로 보도됐고 수감복을 입은 보수 정치인의 남루한 모습은 TV 화면을 가득 채웠다. 이후 터진 조국 사태 수사 때와 달리 검찰이든 언론이든 정치 세력이 공표하든 무분별한 피의사실 공개에 준하는 혐의나 의혹 공개에 문제 제기하는 세력은 없었다. 문 정부와 여당 등 진보 진영은 검찰의 전격적인 수사와 함께 모든 의혹을 총망라하는 언론 보도를 더욱 부추기고 응원하는 듯 했다.

문 정부는 우연의 일치인지 모르나 노무현 정부 때부터 개혁 대상으로 지목한 사법부와 검찰을 가만 두지 않았다. 사법부 수장이었던 전직 대법원장도 적폐청산의 대상이 되었고 대법원장으로서는 최초로 수의(囚衣)를 입은 대법원장이 됐다. 검찰 고위층도 흠집이 조금이라도 드러난 인사는 가차 없이 언론을 통해 흠이 까발려졌고 이어지는 수사의 대상이 됐다. 보수 진영 인사거나 보수 진영에 도움을 줬다는 의혹이 있는 검찰 인사들은 대거 좌

천성 인사 대상이 되었고 자의반 타의반으로 옷을 벗기도 했다. 경찰, 국정원은 물론 민간 영역인 언론사에서도 대대적인 물갈이가 진행됐다. 관가에도 청와대의 지시로 적폐청산 관련 위원회가 생겼다. 적폐청산은 문화예술체육계에서도 빠지지 않았다.

보수는 '역시나 추악하고 나쁜 것'이라는 대국민 메시지가 문 정부 집권 초반을 달궜다. '보수 혐오'가 일반적인 현상처럼 퍼졌다. '진보 천국, 보수 지옥'이라는 세간의 우스갯소리는 마치 당연한 확실한 '팩트(사실)'처럼 받아들여지는 시기였다. No보수의 천국이라면 천국이었다. 보수 지지층도 기존의 보수를 외면하게 됐고, 지지층이 집결한 문 정부와 진보 여당의 지지율은 꾸준히 올랐다. 미약하다면 미약하게 시작했던 문 정부의 지지율은 물론 진보 여당의 지지율도 상승해서 꾸준히 유지됐다.

마치 거인의 어깨 위에 올라서서 행진하고 있는 형국이었다. 적폐청산은 단순한 법적인 청산 작업이 아니라 문 정부와 진보 여당이란 감독이 No보수 관객을 모으기 위해 진행한 거대한 대국민 이벤트였다. No보수는 문재인 정부를 배출한 진보 정당과도 깊은 관계를 나누는 사이가 됐다. 2017년 5월 이후 확연히 나타난 진보 여당의 지지율 상승 행진이 그 증거다.[064] 문재인 정부는 진보 여당과의 관계에서도 주도권을 잡게 된 것이다. 자신이

---

064 한국갤럽, 데일리오피니언 제282호(2017년 11월 1주), 재인용
     https://www.gallup.co.kr/gallupdb/reportContent.asp?seqNo=873

보수의 몰락

만든 당에서까지 탈당 요구를 받으며 외면 받았던 노무현 전 대통령의 전철을 밟을 걱정이 다소간 사라진 것이다.[065]

요약하면, 적폐청산은 한국 사회 전반에서 광범위하게 진행됐고, 청산의 옳고 그름을 떠나 이런 대대적인 움직임은 유권자들의 눈과 귀를 끌기에 충분했다. 특히나 보수 혐오 정서를 지닌 No보수 집단에게 적폐청산은 '정당성'을 부여하며 이들이 결집하여 집단화되는 강력한 동력을 부여했다.

탄핵과 대선이 끝나면 자동적으로 해소될 것처럼 보였던 No보수 세력은 진보 진영의 전략적 정치 행위로 꾸준히 그 세력을 유지하게 됐고, 86세대처럼 명확하게 고착화된 정치 집단으로 굳어졌다. 민심을 면밀히 파악해온 문 정부와 진보 진영의 기민한 정세 판단력에 의한 것이라고 할 수 밖에 없을 것이다.

문 정부는 새롭게 부상한 신흥 정치 집단과의 교류 속에서 강력한 지지 세력을 만들었다. No보수라는 거인의 어깨 위에서 올라탄 진보 진영, 문 정부의 위상은 한껏 높은 곳으로 올라가게 됐다. 문 정부는 영리하고, 교활한 정부다. 보수는 문 정부와 여론층인 No보수와의 교감을 제대로 파악하고 문제점을 지적할 여력도 없었다. 보수 인사는 누구나 머리 위에 쏟아지는 혐오 여론 혹은 적폐청산 칼날을 피하기에 급급했다.

065 〈노대통령 왜 탈당했나〉, 연합뉴스(2007. 2. 23)
https://news.naver.com/main/read.nhn?mode=LSD&mid=sec&sid1=100&oid=001&aid=0001555256

거인의 어깨 위에 올라
세상을 바라보라

정치에서도 거인 어깨 효과는 강력했다. 그렇게 문재인 정부와 진보 여당은 소주성(소득주도성장) 논란 등 경제 정국 운영 능력의 부족이라는 약점과 숱한 정치적 악재 속에서도 평탄한 정국 운영을 이어가게 됐다. 여론을 견인하는 강력한 집단이 눈앞에 펼쳐진 적폐청산 정국에 몰입해 있는데, 문 정부의 의혹에 대한 관심으로 여론이 옮겨가지 않는 것이 당연했다. No보수의 근간은 안티 보수, 보수 혐오 정서이다.

보수 집권 9년간 형성된 보수에 대한 반감으로 '보수=최대 적'이라는 정서가 형성되어 있다. 진보 진영에서 비리가 터져서 보수가 이를 공격하면 오히려 No보수는 집결해서 진보를 '방어'하는 (단순히 진보 지지가 아니라 방어라는 개념이 중요하다) 형국으로 한국의 여론을 움직여 왔다. 보수 세력이 진보에 대한 공격이 통하지 않는다고 느끼는 것의 실마리가 No보수 정서에 담겨 있다. 즉 진보에 대한 공격이 보수에 대한 집결이라는 세력 전환을 이뤄내지 못하고 진보 진영에 대한 지지가 더 올라가는 역설적 상황이 생기는 저변에 이런 No보수 현상이 존재하는 것이다.

안티 팬덤 정서를 가진 No보수는 그 세부 세력이 문재인 대통령과 정부 여당을 직접적으로 지지하지 않아도 진보 진영에 대한 공격성은 지극히 낮은 모습을 보였다. 진보에 대한 지지를 철회할지언정, No보수는 진보에 대한 공격은 자제하는 특성을 지금까지 보여 왔다. No보수의 뿌리 깊은 보수 혐오 정서 탓이다. 오랜 시간 공을 들인 진보 진영의 정치 전략의 승리이고 보수의 철저한 패착이라 하겠다. 하지만 영원한 권력이 없듯이 영원한 이슈는 없었다. 정치 지형도 바뀌게 마련이다. 적폐청산이라는 광풍은 길었다. 그러나 그런 광풍도 1년을 온전히 이어가기는 어려웠다.[066]

멈춰선 한반도 운전자론

문재인 대통령의 지지율이 서서히 가라앉고 있었다. 집권 초 80%를 넘던 문 대통령의 지지율은 여전히 높은 수준이었지만 집권 1년차 후반에 접어들자 지지율은 완연한 하향 추세를 타고 있었다. 문 정부는 적폐청산이라는 거대한 이슈를 이을 새로운 국면이 필요해 보였다.

No보수라는 거인의 어깨 위에서 문 정부는 내려오고 싶지 않았다. 아니 적어도 그렇게 보였다. 청산 정국을 끝낸다는 선언은 없었다. 보수 세력과의 화해는 없었다. 이런 점을 보면 문 정부와 진보 진영은 청산 정국을 유지하고 싶어했다. 진보는 한 치의 양보도 없었다. 시간이 흘러가면서 제왕적 대통령제 하의 행정부 권력 장

---

066 한국갤럽, 데일리오피니언 제305호(2018년 5월 1주), 재인용
https://www.gallup.co.kr/gallupdb/reportContent.asp?seqNo=925

악의 효과는 사회 곳곳에서 나타났다. 집권이 1년이 지난 시점에서 한국의 지배 엘리트는 각 분야 모든 곳이 보수에서 진보로 싹 바뀌었다. 사법부도 마찬가지로 진보 진영과 코드가 맞는 인사들로 채워졌다.

사회 주도 세력이 모두 바뀌었다. 임기가 남은 20대 국회의원들을 제외하고는 말이다. 강력한 청산 국면은 또 다른 고민을 문 정부와 진보 진영에 안겨주었다. 오히려 진보 정부 인사들의 문제점이 하나둘씩 불거지기 시작했다. 시간이 지날수록 각종 비리 사건에서 핵심 권력자로 지목되는 이들은 과거 보수 세력이 아니었고 새로 권력을 잡은 신진 진보 세력이 되는 경우가 많아질 수밖에 없었다. 사실 집권 2년차에 접어들기 전부터 문 정부가 준비하던 강력한 이슈가 있었다. 진보 정부라면 필연적으로 해결해야 하는 대북 이슈였다.

문 정부가 임기 초 한반도 운전자론을 주장할 때부터 대북 이슈는 진보 진영을 결집시킬 중요한 이슈였다. 일본을 제외하고 대북 이슈에 대해 미국과 중국, 북한 모두 문 정부에 우호적이었다. 문 정부의 한반도 운전자론은 큰 관심을 끌었다. 그리고 2018년 4월 판문점 '평화의 집'에서 열린 문재인 대통령과 김정은 국무위원장 간의 정상회담으로 모든 이슈는 대북 이슈로 소화되는 듯했다. 북의 평양에서 남쪽 땅과 가까운, 그리고 분단 현실의 상징적 지역인 판문점으로 북한 정권의 수반을 끌고 내려온 문 정부의 외교력은 한국의 모든 이슈가 대북 이슈로 집중될 것이라는 전망을 내놓게 했다. 곧이어 한 달 뒤 5.26 남북정상회담이 열렸을 때만 해도 대북 이슈의 성공적인 전개가 예상되는 듯했다.

이렇게 이어진 대북 이슈는 전 세계에 이목을 집중시키고 진보 진영은 물론 국가적인 환호와 기대, 세계적 열풍을 일으켰다. 2018년 6월 싱가포르에서 역사상 처음으로 미국 대통령과 북한의 수반이 만났을 때 대북 이슈의 몰입감은 압도적이었다. 전 세계가 싱가포르로 이목을 집중시켰다. 회담이 예정된 5월 말 트럼프 대통령이 회담을 취소한다고 했다가 이를 번복하기도 하면서 대북 이슈를 둘러싼 관심과 긴장도는 한껏 올라가기에 충분했다.

'악의 축' 국가인 북한의 김정은이라는 은둔형 독재자와 기행으로 유명한 트럼프 대통령과의 만남 자체만으로도 역사적인 의미를 떠나 세계적 화제가 되기에 충분하고도 남았다. 적폐청산에 집중하던 국내 민심은 이제 완전히 대북 이슈로 전환된 것으로 보였다. 여론조사에서 대북 이슈에 대한 긍정 평가는 60%를 넘었다. 적폐청산에 대한 관심은 미미한 수준(2%)로 떨어졌다. 문 정부에 대한 경제 부문에 대한 불만은 커지고 있었으나 이 역시 대북 이슈로 충분히 희석이 가능해 보이는 시기였다.

2018년 6월 싱가포르에서의 북미 정상 간의 만남이 예상과는 달리 큰 성과를 내지 못했지만 문 정부의 지지율을 다시 활공 상태로 만드는 데 큰 문제가 없었다.[067] 그럼에도 국제 정치의 앞날은 '운전대'에 앉는다고 해도 예측하기 어려운 것이다. 역사적인 남과 북, 북미 정상 간의 만남으로 완전히 새로운 국면으로 진입할 것 같았던 대북 이슈는 화려한 시작과는 달리 열매를 맺지는 못했다. 2019년 2월, 베트남 하노이에서 두 번째로 만난 트럼프 미 대통령과 김정은 국무위원장의 갑작스런 작별 장면이 전 세계에 실황 중계된 뒤 대북 이슈는 누가 봐도 전혀 움직이지 않는 교착 상태에 빠졌다. (물론 남북미 간의 회동이 한차례 더 있기는 했다.)

대북 이슈가 예상 밖으로 진척이 없자 환호하던 민심은 쉽게 사라졌다. 대북 교류가 활발해져 대북 경제 협력이 궤도에 올라갈 경우 예상되는 보수 진영의 강력한 반발도 당연히 없었다. 대북 이슈는 멈춰 섰고 일자리, 최저임금, 주 52시간제 등으로 대변되는 경제 정책이 문 정부의 발목을 잡기 시작했다. 자극적인 갈등이 없는 정치 이슈는 No보수를 문 정부 옆에 붙잡아두기에 부족했다. 대신 정부의 실정을 부각되는 각종 이슈들이 이어졌다. 특히 일자리 · 민생 경제 이슈가 문 정부의 발목을 잡았다.

문재인 대통령은 4.27 남북정상회담 · 판문점 선언 직후인 2018년 5월 첫째 주 직무 긍정률 83%로, 역대 대통령 취임 1년 시점 긍

---

067   한국갤럽, 데일리오피니언 제310호(2018년 6월 2주), 재인용
      https://www.gallup.co.kr/gallupdb/reportContent.asp?seqNo=932

정률 최고치를 기록했다. 그러나 작년 6월 제7회 지방선거 이후 경제 · 일자리 · 민생 문제 지적이 늘면서 긍정률이 지속적으로 하락했고, 9월 초 처음으로 직무 긍 · 부정률 차이가 10%포인트 이내로 줄었다. 9월 중순 평양 남북정상회담을 계기로 직무 긍정률 60% 선을 회복했으나, 이후 다시 하락해 (2018년) 12월부터 올해 (2019년) 9월 추석 직전까지 긍 · 부정률 모두 40%대인 상태가 지속됐다.[068]

문 정부와 정부 여당은 급해졌다. 지방선거에서도 압승을 했지만 잠재적 불안감은 높아졌다. 집권 중반기에 예정된 2020년 21대 총선 승리를 위해서는 다른 돌파구가 필요해 보였다. 문 정부는 두려웠을 것이다. 문 정부는 앞선 모든 정부, 노무현, 이명박, 박근혜 정부가 집권 후반기에 산산조각 나는 모습을 보았다. 어떻게든 여론의 사랑을 받을 필요가 있었다.

이런 문 정부를 탓할 수는 없다. 한국의 대통령 가운데 퇴임 이후 사법 처리를 피한 대통령이 몇 안 된다는 역사적 사실은 충분히 문 정부가 지지 기반에 대한 집착을 끝없이 가지게 할 수 있는 상황이기 때문이다. 그 자신이 법률가인데다 노무현 전 대통령이 퇴임 후 수사 받을 당시 변호인을 맡은 문 대통령이 임기 말 되풀이

---

068 한국갤럽, 데일리오피니언 제374호(2019년 10월 3주), 재인용
　　　https://www.gallup.co.kr/gallupdb/reportContent.asp?seqNo=1053

되는 대통령의 레임덕에 대해 알게 모르게 트라우마를 가지고 있다고 해도 전혀 이상한 것은 아닐 것이다.

문 대통령이 그런 두려움이 없다고 해도 수권 정당을 이어가야 할 진보 여당은 걱정을 하지 않을 수 없다. 성공적인 국정 운영을 위해 지지층 결집이 너무나 중요할 수밖에 없다는 것을 미뤄 짐작할 수 있다. 그런 측면에서 2020년 4월 총선은 누가 봐도 문 정부의 정권 유지와 문 정부의 내일을 보장해줄 차기 정권 재창출에 결정적인 관문이었다. 정권은 침체된 열성적인 지지층이자 보수 혐오를 가지고 보수 세력에 대해 강력한 공격도 함께 수행하는 No 보수가 만족할 새로운 대결 구도가 필요해 보였다. 지지율 교착을 서둘러 해결할 필요가 있었다.[069]

069 한국갤럽, 데일리오피니언 제352호(2019년 5월 1주), 재인용
     https://www.gallup.co.kr/gallupdb/reportContent.asp?seqNo=1011

03.
죽창가, 반전을 꾀하다

입법부 권력의 주도권이 걸린 2020년 선거가 목전이었다. 한반도 운전석에 앉고자 했던 문 정부는 멈춰 선 대북 이슈 앞에서 깊은 고민이 생겼다. 경제 문제는 계속 정부의 지지를 옥죄어 오고 있었다. 강력한 국정 운영을 위해서는 지지율이 필요했다.

국정 초반 문 정부를 활공시켰던 No보수라는 거인의 어깨가 절실했을 것이다. 몰입감 있는 정치 이슈를 계속 이어가야 했다. 보수와 진보가 선명하게 나뉘고 그 대결 속에서 No보수 집단에 새겨진 "보수는 그냥 싫다"는 반감을 일깨울 수 있는 정치 이슈여야 했다. 문 정부는 행운을 타고났는지도 모른다. 이런 깊은 고심의 와중에 멀고도 가까운 이웃나라가 엄청난 도발을 일으킨다. 일본 아베 정부가 2019년 여름, 한국을 상대로 경제 제재 조치를 감행

한다.[070]

대북 제재 등 북한에 대한 국제 협력에 대한 이견과 2018년 10월 내려진 일제 강제징용에 대한 국내 대법원 판결 등으로 갈등을 빚어 오던 한일 양국이 물리적인 실력 대응 단계로 접어든 것이다. 싸움을 누가 걸었던 것인가는 중요하지 않으나 한일 정치 모두 국외의 강력한 적이 필요한 상황이었다. 양국 정상의 강 대 강 대결이 예상되는 순간이었다.

문재인 정부나 아베 총리나 대북 이슈는 정부의 태생적 성격상 한발 물러설 수 없는 정치 지형을 가지고 있다. 아베 총리가 어떤 의도를 가지고 경제 조치를 했는지는 너무나 분명하다. 대북 이슈 등 한일 관계에서 강력한 주도권을 잡는 모습을 일본 시민에게 보이고 싶었던 것이다. 아베 총리의 한국 '화이트리스트' 배제로 대변되는 조치는 다분히 일본 국내 정치용이었다. 일본 국내 정치 여론 변화에 노련한 정치인인 아베 총리는 자신을 떠나는 자국민의 민심을 돌릴 소재가 필요했다.

국면 전환을 위해 문 정부도 무엇인가가 필요한 상황이었다. 울고 싶은데 뺨 때린다는 격언이 이보다 어울리는 정치 상황이 있을 것인가. 아베 총리는 한국에서 벌어진 새로운 형태의 반일 운동에 대해서는 전혀 예측하지는 못했을 것이다. No보수라는 거인이 일

---

070   靑, 日 '화이트리스트' 의결에 "깊은 유감"··· 강경대응 시사, 파이낸셜뉴스(2019. 8. 2)
        https://www.fnnews.com/news/201908021119582540

본 국내 정치에 경황이 없는 아베 총리의 눈에 보였을 리는 없었다.

죽창가와 다시
꿈틀대는 No보수

진보 진영에는 유수의 여론 전문가가
있다. 그들 스스로가 팬덤을 끌고 다니기도 하는 유명인사다. 그
가운데 한 명, 바로 청와대에서 페이스북 활동을 자제하던 조국
당시 청와대 민정수석이 갑자기 반일 메시지 전달의 선두에 나섰
다. 조 수석은 반일과 정의의 정서, 그리고 이와 함께 강력한 혐오
의 정서를 충분히 자극할 '죽창가'를 게재하더니, 이후부터는 SNS
를 통해 대일본 폭격을 진두지휘하고 나섰다.

홍보수석인지, 민정수석인지, 대변인인지 도대체 알 수 없는 활
동이었지만, 메시지 전달 능력에 있어서 조 수석보다 강력한 인플
루언서가 있을 수는 없었다. 조 수석은 스스로가 정국을 움직이는
진보의 강력한 스피커였다. 한일 간의 외교 분쟁 이슈는 국내 정
치의 가장 뜨거운 정치 이슈로 급부상하게 마련이다. 아베 총리도
이를 노리고 진행한 만큼 양안의 깊은 갈등은 정해진 루트다. 전
통적인 언론 미디어는 한일 양국의 대치 관계에 대한 쉴 새 없이
기사를 쏟아내고 대일 여론은 악화됐다. 여기까지는 기존의 정치
문법과 대동소이했다.

변화는 국내에서 일어난다. 조 전 수석이 전달한 강렬한 메시지가 램프 속 잠자는 거인을 움직인 것이다.[071] 반일이 쟁점이 된 격렬한 갈등 국면이 잠시 잠들어 있던 No보수를 깨우게 된다. 반일이라는 혐오와 안티 정서가 대북 이슈 이후 잠잠해 있던 No보수 세력을 일으켜 세웠다. 조국 전 수석은 노련했다. 조 전 수석이 찍어둔 좌표는 두 방향이었다. 아베 총리보다 한일 양국의 관계 경색에 따른 여파를 계기로 정부에 대한 비판 여론을 주도하는 국내 정치 세력 – 보수 정당을 노린 것이 분명했다. 외국의 적보다 내부의 적이 더 얄밉다는 것을 능숙한 여론전문가인 조 전 수석은 잘 알고 있었다.

보수 정당은 조 전 수석의 메시지 전환 작업에 꼼짝 없이 걸려드는 모습이었다. 보수 진영에서는 조 전 수석이 갑자기 왜 이런 반일 메시지 폭탄을 던지는지에 대해서 배경을 잘 이해하지 못하는 것으로 보였다. 조 전 수석의 의도는 반일 이슈를 통해 No보수라는 지지 기반을 일깨우려는 복선을 담고 있었던 것이다. 반일 SNS 메시지로 정국을 일깨운 조 전 수석은 조금 뒤에는 법무장관 후보자 신분으로 국회를 찾아 보수 정당 면전에서 목소리를 높이면서 갈등을 더욱 고조시키기에 이르렀다. 마치 보수 정당이 아베 총리인 것마냥 말이다. 탄핵과 적폐청산으로 너덜너덜해진 보수 정치 세력은 별 생각 없이 진보 진영의 책사인 조 전 수석이 깔아둔 강력한 덫인

---

071 한국갤럽, 데일리오피니언 제366호(2019년 8월 2주), 재인용
https://www.gallup.co.kr/gallupdb/reportContent.asp?seqNo=1038

반일 전쟁 속으로 성큼 뛰어들었다. 법무장관으로 가게 될 조 전 수석이 청와대를 돕기 위해서 반일 대응에 나선 것인지, 자신이 법무장관 직을 수행하면서 반일 여론을 이끌어갈 의도였는지는 명확하게 알 길이 없다. 강력한 정치적 소재인 반일의 강점을 알고 일단 기민하게 반응을 한 것인지도 모른다. 본인이 아니고는 알 수 없지만 세 가지 모두가 포함된다고 하더라도 이상한 일은 아니었다.

명확한 것은 이슈 공백으로 갈등의 정치를 선보여온 문 정부가 새로운 갈등의 대상을 또 선점했다는 점이고 조 전 수석이 앞장섰다는 것이다. 조 전 수석은 보수를 위한 덫을 촘촘하게 깔았다. 여론에 정통한 유명 인플루언서답게 반일 이슈를 보수와 진보의 대결로 깔끔하게 전환시켜버렸다. 한일 갈등 국면에서 좋은 역할은 문 정부와 진보가 가지게 됐고, 나쁜 역할은 이번에도 보수가 맡게 되는 구조였다. 이를 위해서 조 전 수석은 SNS 폭탄을 투하한 것이다. 이는 일본 아베 총리가 아니라 보수의 머리 위에 투하한 것인데 보수 진영은 반일 폭탄이 자신을 향하는지도 모르고 엉뚱한 곳을 보고 있었다.

> 중요한 것은 '친보냐 보수냐', '좌(左)냐 우(右)냐'가 아닌 '애국이냐 이적(利敵)이냐'이다. 대한민국의 의사와 무관하게 경제 전쟁이 발발했다. [072]

---

072 조국 민정수석, '죽창가'이어 "애국이냐 이적이냐"… 反日감정 키워, 월간조선(2019. 7. 19)
　　http://monthly.chosun.com/client/mdaily/daily_view.asp?idx=7473&Newsnumb=2019077473

한일 관계 경색의 책임을 물어 문 정부 비판에 나섰던 보수 세력은 졸지에 한국의 슬픈 역사를 백안시하는 세력—친일파, '토착왜구(한국 내 일본을 지지하는 친일 세력을 뜻하는 신조어)'로 몰리게 됐다.

> (국내) 대법원의 강제징용 피해자 배상 판결을 부정, 비난, 왜곡, 매도하는 것은 일본 정부의 입장이며 이런 주장을 하는 한국인은 마땅히 친일파라 불러야 한다. [073]

문재인 대통령은 왜(倭)국과 싸우는 조선시대의 이순신 장군이 되고 정부의 대일 외교 정책을 비판하는 사람은 '묻지 마' 친일파가 되었다. [074] 흩어지는 듯했던 No보수는 반일 이슈에 집결했다. 보수를 혐오하는 No보수는 보수가 친일 행태를 보인다는 메시지에 강하게 반응했다. 여론은 보수 정당과 보수 정치인 저격으로 곧바로 흘러갔다.

대표적인 예가 나경원 의원의 친일 논란이다. 당시 원내대표로 강경한 대정부 투쟁의 일선에 섰던 나 의원은 문 정부와 각을 세우면서 '나베(나경원+아베)'라는 꼬리표가 달렸었는데, 이는 조 전 수석

---

073 조국 "일본과 경제·외교전, 지레 겁먹고 쫄지 말자", 경향신문(2019. 7. 21)
http://news.khan.co.kr/kh_news/khan_art_view.html?artid=2019072 1144001&code=910100#csidx0f645786ea752dba97a4e57040a1b6e

074 보수=친일이라는 인식은 문재인 대통령의 2019년 3.1절 연설에서도 엿볼 수 있다.

이 소환한 반일 정국에서 치명적인 흠결로 작용했다. 거세지는 반일 여론 속에서 나 의원은 아예 '친일파'로 둔갑되었다. 나 의원이 갖은 해명과 노력을 했지만 소용없었다. 좌표가 찍히자 No보수의 여론은 나 의원에게 벗어날 수 없는 굴레를 씌웠다. 언론에도 나 의원 친일 논란이 잇따르고 여당 성명서에서도 나 의원 친일 논란이 다뤄지며 여론몰이가 극에 달했다. 실체와 무관하게 '나 의원=친일'이란 연관검색어가 성립됐다. 이후 21대 총선에서 정치 신인에게 침몰한 나 의원의 21대 총선 패배의 원인이 여기에도 있다.

진보 진영이 친 덫이 얼마나 매서운지 보수 정치인들은 생각해 볼 필요가 있다. 진보 정부와 여당에도 나 의원과 비슷한 행적이라면 친일파로 몰릴 인사들도 있을 수 있었으나 No보수 여론은 그들에게 무관심했다. '보수 혐오'와 '일본 혐오'라는 공통된 혐오 정서가 No보수의 결집력을 더욱 높였다. 보수와 친일, 두 가지 검색어에 함께 걸려야 '좌표 찍기(공격)'의 대상이 되었다.

보수 정치 세력은 불공평한 지형에 대해 이해할 수 없다는 태도를 연신 보였다.[075] '친일'이라는 프레임이 진행되고 있다는 점을 알지만 압도적인 여론 공격이 왜 일어나고 있는지, 누가 주도해 이런 현상이 일어나는지에 대해서는 명확한 인식이 없었다. 대응을 할수록 점점 더 친일 프레임으로 빠져 들어가게 됐다. 나 의원뿐

---

075 한국당 '친일 프레임' 발끈… 나경원 "북한팔이에서 이젠 일본팔이", 한겨레(2019. 7. 22)
http://www.hani.co.kr/arti/politics/assembly/902765.html#csidx4071de72d8deda3b45f9454efae5c24

아니라 보수 정치 세력 전체가 조 전 수석이 소환한 반일 여론에 호되게 당할 뻔했다. 하지만 정치 세계에서는 하루 앞도 알 수 없다. 반일 메시지를 선제적으로 투하한 조국 전 수석이 정작 본인과 가족 비리 의혹 논란으로 문 정부 지지율의 치명적 걸림돌이 됐다는 점은 아이러니이기도 하다. 조 전 수석 본인에 대한 논란이 없었다면 반일 정국은 인플루언서 조국 장관에 의해 또 한 번 문 정부의 지지를 활공시키는 완벽한 이슈가 되었을 것이다. 총선 정국에서 보수는 느닷없이 덧씌워진 친일 세력과 보수를 동일시하는 여론 앞에 악전고투했어야 할 것이다.

No보수는 쉽게 사라지지 않았다. 조 전 수석이 소환한 No보수는 완벽한 반일 정서를 보이면서 제2의 국채보상운동이라 불릴 만한 대규모 반일 운동을 성공시킨다. 그리고 총선 기간에는 다시 반보수의 기치를 들고 진보 정당으로 집결한다. No보수가 주도한 반일 불매운동의 면면을 보면 조 전 수석이 왜 No보수를 소환하기 위해 40여 개의 SNS 메시지를 던졌는지 수긍하게 될 것이다.

04.
다시 깨어난 No보수

　　　　　　No보수는 진보 진영이 소환할 수 있
는 최고의 정치 세력이다. 조국 청와대 민정수석은 '죽창가'로
2020년 4월 선거전에 미리 뛰어들었다. 조 전 수석은 No보수에
시그널을 보낸 것이다. 반일로 일깨운 No보수의 혐오 에너지는 조
전 수석이 무난하게 법무장관이 됐다면 그의 진두지휘 하에 강력
한 에너지로 보수 정치 세력을 곧바로 노렸을 것이다.

　조국 전 수석이 법무장관으로 향하지 않았다면 4.15총선은 다
른 양상으로 흘러갔을 것이다. No보수를 이끌려던 조 전 수석이
윤석열 검찰총장과의 일사불퇴 싸움에 나서지 않았다면 말이다.
진보 진영은 조금 더 쉽게 거인의 어깨 위에서 선거 국면을 풀어나
갔을 것이다. 그렇다고 소환된 No보수는 사라진 건 아니었다. No
보수는 역대급으로 반일 불매운동을 강력하게 추진해나갔다.

반일 불매운동은 자신을 일깨운 인플루언서 없이 독자적인 방향으로 진행되게 됐다. 그럼에도 반일 기치 아래 집결한 No보수는 엄청난 모습을 보인다.

진화하는 No보수

램프에 갇힌 지니(알라딘의 램프 요정)가 현실에서 마법을 부리듯 No보수는 새로운 현상을 만들어냈다. 한국 현대사에서 어떤 정치인이나 정치 집단도 능히 해내지 못한 일을 해냈다. 86세대가 한국 사회에서 강한 영향력 보인 것은 가두시위로 대변되는 현실적인 군중 동원력이었다. 10만 명을 모으면 대단한 능력이었다.

No보수는 일본 불매운동에서 디지털 시대에 맞는 압도적인 군중 동원력 보유한 강력한 정치 집단임을 보여줬다. 더욱이 No보수는 생활 전면을 통제하는 강력한 집단 규율을 창출해냈다. 바로 '군중 생활을 바꾸는 정치'를 보여줬는데 이러한 현상은 한국 사회에서 유래를 찾기 힘든 집단적 결속력이다. No보수의 집결력은 한국 사회의 시민사회운동의 틀을 바꿨다.

보수의 몰락

"日 맥주, 한국 수출 결국 '0원'···20년 4개월 만"[076]

국민 76% "日 경제보복 철회 않는 한, 불매운동 계속될 것"[077]

"마트부터 관광까지···日불매운동 한국 전역 확산" WSJ[078]

한국 현대사에서 특정 국가의 제품 불매 운동이 이렇게 광범위하고 긴 기간 동안 이어진 경우는 없었다. 누가 시키지도 않았지만 시민이 자발적으로 일본 제품 불매운동을 이어가는 것처럼 보였다. 시민의 기호를 바꾸고 일상을 바꾸는 거대한 영향력이지만 많은 이들이 주변 눈치를 보면서 이를 따랐다.

'보이지 않는 존재' No보수의 강력한 영향력이자 무서움이다. 누구도 불매운동을 시키지도 않지만 시민의 행동을 지켜보는 이들이 어디든 존재한다. 일본은 한국인이 가장 많이 찾는 나라 1위였다. 일본 불매운동 초기에는 이 운동으로 인해 한국도 일본도 실질적인 타격은 없을 것이라고 보는 시각이 대다수였다. 그런데 한국의 시민은 오랫동안 일본행 발길을 뚝하고 끊었다. 일본 가는 이들이 있다면 비난 여론이 쏟아졌다. 일본 여행을 지방 여행보다

---

076 日맥주, 한국 수출 결국 '0원'··· 20년 4개월 만, KBS(2019. 11. 28)
http://news.kbs.co.kr/news/view.do?ncd=4332797&ref=A

077 국민 76% "日 경제보복 철회 않는 한, 불매운동 계속될 것", 뉴스1(2019. 8. 15)
https://www.news1.kr/articles/?3696262

078 "마트부터 관광까지··· 日불매운동 한국 전역 확산" WSJ, 뉴시스(2019. 7. 19)
https://newsis.com/view/?id=NISX20190719_0000715796

더욱 자주 가던 젊은 층도 일본 여행을 끊었다. 개성을 중시하고 자유분방한 젊은이들의 일상생활에 대해서도 강력한 통제가 가능한 세력이 No보수다.

　이런 종류의 정치 집단은 한국 사회에 없었다. 일본 불매운동을 두고 제2의 국채보상운동이라는 비유도 나왔는데 규모 면에서만 보면 일제강점기의 국채보상운동은 비교하기가 민망한 수준이었다. 일본 불매운동에 참여한 이들의 규모와 범위는 훨씬 크고 넓었다. 참여 지역은 전국이었고, 한국어가 있는 인터넷 공간 모두였고, 영어와 일본어 등 소통 가능한 다국적 인터넷 공간에서도 일본 불매운동은 이어졌다. 한국인의 사랑을 받았던 일본의 유명 의류 브랜드 매장에도 이른바 '할머니 광고' 논란이 불거지자 아예 발길이 끊어졌다. 매장을 출입하는 시민에 대한 파파라치(유명인사의 사생활을 찍어 돈을 받고 파는 사진사) 성격의 사진이 인터넷 게시판에 올라오는 등 시민들은 일본 불매 운동에서 이탈하는 이들을 자발적으로 감시하고 불매 운동 합류를 독려하는 모습을 보였다. 차량 번호판 앞자리가 3자리로 바뀐 것에 영감을 얻은 이들은 거리에서 신형 번호판을 단 일본산 차량 운전자에게 경적 울리기나 차 긁기 등의 수모를 주는 괴롭힘을 주는 등 국내 곳곳에서 일본 불매운동과 관련된 여러 사건이 들불처럼 일어났다. 죽창가가 소환한 No보수와 반일 정서가 합해지면서 실생활에서 새로운 규율로 자리매김한 것이다. 불특정 다수의 사람에게 일시적인 규칙이나 도덕으로

　　　　　　　　　　　　　　　　　　　보수의 몰락

나타나게 된 것인데, 한국 대중운동의 양상이 No보수 아래에서 새로운 국면으로 접어든 것이다. 일본 불매운동의 지지율은 상당했고 오랜 기간 이어졌다.[079]

국내 정치인들도 이런 현상을 예측했을까. 일본 불매운동은 2019년 연말까지도 계속 이어지고, 2020년 상반기에도 뉴스로 여전히 다뤄졌다.[080] 시민끼리 서로를 견제하며 일본 제품 소비를 통제하면서 사회 전반에 일본산 불매 운동을 정착시킨 것이다. 생활을 바꾼 정치적 영향력이다. 예전의 반일 운동과는 달리 2019년의 반일 불매 운동은 어떻게 광범위하게 장기간 지속됐을까. 이는 혐오 정서에 민감하게 반응한 No보수라는 10년간 성장한 거대한 정치 집단이 민심 저변에 있었기 때문에 가능한 일이었다. No보수 가운데 일부는 검찰 개혁으로 점화된 조국 사태 속으로 달려갔을 것이고, 일부는 일본 불매운동을 유지하며 총선 정국으로 접어들게 된다. 다시 No보수가 단일대오로 합쳐지는 것은 진보 진영이 총선에서 고전을 면치 못할 때였다. 큰 틀에서 보면 No보수는 진보 진영의 막강한 지원군임이 분명하다. 앞으로 거인 No보수는 어떤 진보 정치인이 깨울 것인가.

079 국민 10명 중 7명 日제품 불매운동 참여, 뉴시스(2019. 11. 28)
     https://newsis.com/view/?id=NISI20191128_0000437411
080 여전히 일본제품 안 사지만… '모동숲'은 불티, 매일경제(2020. 5. 15)
     https://www.mk.co.kr/news/economy/view/2020/05/499488/

05.

고장 난 '보수 아젠다'

　　　　　　　　　21대 총선으로 다시 돌아가보자. 삭
발 단식 투쟁으로 대여 강경론을 주도한 황교안 대표는 총선 승리
를 위해 박차를 가하는 상황이었다. 당 안팎에서는 '반문재인 연대'
라는 야권 통합의 큰 그림이 선거 승리라는 장밋빛 미래의 청사진
으로 제시됐다. 결론부터 이야기하면 반문연대는 철저히 실패한다.
거대한 민심은 반문연대로 집결할 의향이 없었다. 지형지물도 모
르는 지휘관이 무작정 투입한 군사가 전투에서 살아 돌아올 확률은
희박했다.

　　한국당 황교안 대표는 연일 보수통합 필요성을 강조하며 반문연
　　대에 불을 지피고 있습니다. 〈황교안 자유한국당 대표〉 "헌법 가
　　치를 함께 하는 모든 정치 세력들과 함께 뭉쳐서 문재인 정권을

심판해야 한다.[081]

　보수 정치 세력은 '반문재인 단일대오', 즉 반문재인 세력을 한 곳으로 모으겠다는 깃발을 들고 총선에 뛰어들었다. 정치에서 선거전이란 여론의 세심한 분석을 통해 지지층을 설득할 '시대정신'을 만들어내는 데 핵심이 있다. 예를 들어 2017년 대선 당시 탄핵 국면에서 가장 손쉬웠을 '적폐청산'이라는 구호를 내려두고, 진보 진영이 찾아내 전면에 내세운 시대정신은 '사람이 먼저다'는 구호였다. 세월호 참사와 탄핵 국면을 거치며 불안감을 호소하는 시민을 기존의 지지층과 결집시킬 수 있는 거대한 용광로 같은 명분이었다.

　보수는 반대의 길을 걸었다. 이번 총선에서 문재인 대통령을 반대하는 진영을 묶어서 표를 합산해 정국의 주도권을 끌고 오겠다는 단순한 전략이었다. 세력 연합으로 외연을 키우는 블록 쌓기 수준의 선거 전략을 구사해버렸다. 식어버린 용광로에 각종 재료만 넣어둔 격이었다. 반문연대에 대해서도 의구심은 많았다. '문재인 정권 심판론'이 탄핵 국면을 계기로 떠나간 보수 지지층을 돌아오게 하고 그간의 보수에 대한 불신을 털어버리는 거대한 명분인가라는 지적이었다.

081　'반문연대' 보수통합 탄력 받나… 안철수 합류 여부 관심, 연합뉴스TV(2020. 1. 20)
　　　https://www.yonhapnewstv.co.kr/news/MYH20200110019800038?did=1825m

반문연대가 거대 여론 지형을 보수 야당으로 움직이게 하는 시대정신이 되려면 거대한 민심이 이에 호응할 수 있는 '명분'이나 '중간 과정'이 있어야 했다. 어떤 명분 하에서 민심이 반문재인이 최우선 현안이라고 생각할 것인가에 대한 면밀한 파악이 있어야 했다. 상대 정치 세력과 각을 세우는 것은 선거 과정에서 당연하지만 민심을 얻어야 하는 선거에는 강력한 명분이 있어야 했다. 무엇보다 민심이 어떤 상황인지를 알고 있어야 했다.

미래통합당이 잘못해서

그러나 보수 야당은 처음부터 아예 번지수가 틀렸었다. 여론조사를 살펴보면 반문연대가 통하지 않았던 확실한 이유를 쉽게 확인할 수 있다. 여기서도 No보수라는 거대한 흐름을 바로 감지할 수 있다. 여론조사에서 '여당이 총선에 승리한 이유'를 묻자 "문재인 대통령과 정부 여당이 잘해서"라는 응답은 전체 응답자의 26%에 불과했다. 문 정부가 잘해서 여당을 지지하는 것이 아니라는 반응인 것이다.

대신 국민들은 이렇게 답했다. "미래통합당이 잘못해서"라고 답했다. 답변은 60.8%에 달했다.[082] 응답자 2명 가운데 1명 이상이

---

082 시사인 21대 총선 유권자 인식조사 결과표. 중앙선거여론조사 심의위원회(2020. 4)
    https://www.nesdc.go.kr/files/result/202005/FILE_202004240631287850.pdf.htm

답한 것이다. 유권자의 심리 기저에는 문재인 대통령과 정부 여당에 대한 지지보다는 민심을 읽지 못하는 보수 정당에 대한 반감이 더 큰 상황이었다. 미래통합당의 잘못을 꾸짖는 여론, 이에 대해 보수 야당은 해답이 없었다. 반문연대가 보수 야당이 제대로 하지 못한 과오를 상쇄하지 못하는 것이다. 아니라면 반문연대 과정에서 민심이 보수 야당의 문제점이라고 보는 것들이 시원하게 해결됐어야 한다.

　보수 야권이 추진한 반문연대 하에서 야권은 3년 만에 함께 손을 잡았지만 한계는 명확했다. 보수는 통합 과정이 민심에게 감동을 줄 새로운 동력을 만들어내지 못했다. 어떤 동력으로 무엇을 어떻게 할지가 보이지 않았다. 반문재인 연대는 차갑게 식은 기계적인 결합일 뿐이었다.

　　　문재인 후보 득표율은 41.08%, 홍준표 후보 득표율은 24.03%

　　　안철수 후보 득표율은 21.41%, 유승민 후보 득표율은 6.76%[083]

　2017년 5월 대통령 선거의 최종 득표율이다. 홍, 안, 유의 득표율을 합하면 약 52%이다. 문재인의 반대표, 즉 홍준표, 안철수, 유승민 후보의 표를 묶으면 문재인 후보의 득표율을 넘어선다. 여기

083　[그래픽] 제19대 대통령 선거 최종 득표율, 뉴시스(2017. 5. 10)
　　　https://newsis.com/view/?id=NISI20170510_0012990379

에서 2017년 대선이 3년이 지났으니 문재인 대통령의 인기가 더욱 떨어졌을 것이라는 해석도 덧붙었다. 선거에 나선 보수 야당이 내세운 반문연대의 주된 근거였다. 2020년 총선에서 보수 야권의 차가운 통합은 이런 방식으로 진행됐다.

보수 야당의 통합 과정에는 감동이나, 새로운 의제를 만들어내는 뜨거운 장면은 없었다. 흩어진 세력들이 왜 통합하는지를 시민은 충분히 설득되지 못했다. 시민이 무엇을 요구하는지에 대해 보수 야당이 충분한 고민이 없었던 것이다. 설득이라는 단어를 쓴 것은 많은 시민은 2020년의 시대정신이 과연 반문재인 연대를 원하는지에 대해서도 의문을 가지고 있었기 때문이다. 이런 민심 속에서 보수 야권을 왜 지지해야 하는가에 대해 보수 야당 스스로가 보여줬어야 했다. 문재인을 반대한다는 이유가 아니라 보수 야당이 선택받아야 하는 명분, 보수로 여론이 다시 돌아와야만 하는 명분을 정치 활동 속에서 구현했어야 했다.

여론은 차가웠다.[084] 선거를 치르기도 전에 통합을 이룬 신당에 대한 열망, 이른바 정치권이 신당 이벤트 효과라고 하는 팬심은 없었다. 탄핵 정국 3년 만에 보수 세력이 한 지붕에 모여서 진보 진영과 결전을 벌이겠다고 모였지만 보수의 '소문난 잔치'는 외면당했다. 자유한국당 때와 보수 야권이 모두 모인 미래통합당 간

---

084 [데일리안 여론조사] 미래통합당 28.9%… '한국+새보수' 시너지 효과 '물음표', 데일리안(2020. 2. 6)
https://www.dailian.co.kr/news/view/871205?sc=Naver

의 정당 지지도는 차이가 없었다.[085] 누구 한 명 제대로 흡수하지 못한, 민심에게 감흥을 주지 못한 통합이었던 것이다. 오히려 민심이 떠난 통합이고 반문연대 과정이었다. 민심의 거대한 기류를 제대로 읽지 못한 선거 전략의 결과였다. 총선 결과는 더불어민주당 계열 180석 대 나머지라는 정부 여당의 압도적인 승리였다.[086]

총선에서 유권자들은 '정권심판론'이란 반문연대로 뭉친 통합당을 철저히 외면했다. 특히 서울과 경기 등 수도권의 외면 현상이 심했다. 보수 혐오에 기반한 No보수의 기류가 강하게 흐르고 있는데 엉뚱하게 보수 진영과 진보 진영을 확연하게 구분할 반문재인 연대를 꺼낸 것은 보수 야당의 패착이었다. 사전선거의 열풍이 불었다. No보수 세력은 더욱 결집했다. 보수 혐오 정서를 자극한 반문재인 연대는 선거 전략으로는 차선이 아니라 최악의 수준이었다고 평가할 수 있을 것이다. 반문연대 깃발 아래에 선거전에 나간 통합 보수 장수들은 서울 수도권에서 전멸하다시피 했다.

반문연대에 냉담한 민심은 보수의 장수들을 곧바로 '낙마'라는 낭떠러지로 밀어뜨렸다. 여론조사를 보자. 1820, 3040에서 반문연대 세력에 대한 지지율은 20% 근처에 그쳤다.[087] 17년 대선 당시

---

085 한국갤럽, 데일리오피니언 제391호(2020년 3월 1주), 재인용
     https://www.gallup.co.kr/gallupdb/reportContent.asp?seqNo=1090

086 비례정당 더불어시민당 의석까지 합한 의석수(2020년 4월 16일 기준)

087 시사인 21대 총선 유권자 인식조사 결과표. 중앙선거여론조사 심의위원회(2020. 4)
     https://www.nesdc.go.kr/files/result/202005/FILE_202004240631287850.pdf.htm

홍, 안, 유 후보의 총합인 52%에 다가서지도 못했다. 3년 전 지지자들의 기계적인 결합에도 실패한 것이다. 애초부터 보수의 반문연대는 현실에서는 통하지 않는 전략이었다. 헤드라이트를 켜지 않고 깜깜한 절벽 도로 위를 달린 자동차 같은 꼴이었다. 보수 혐오라는 거대한 기류가 흐르는 민심의 거대한 동향을 보수 정당이 제대로 파악하지 못한 결과였다.

보수는 왜 반문연대를 줄기차게 주장했을까. 감동도, 흥미도, 재미도 없는 통합과 반문연대 드라마를 선거 내내 방영해야만 했을까. 보수는 그냥 몰랐던 것 같다. 반문연대가 이렇게 통하지 않으리라는 사실을 말이다. 심각하지 않을 수 없다. '우공이산(愚公移山)'이란 말도 있지만 단기 총력전인 선거에서 보수 정치 세력은 어떤 효과를 위해 통합 과정을 거쳤을까. 반문연대라는 땅을 파면 그 곳에 우물이든 금맥이든 성과가 있을 것이라 보고 힘든 노력에 나선 것인가.

국민이 바라지도 않는 보수 버전의 야권연대라는 전략을 만든 보수의 지도부는 무엇을 한 것인가. 막연한 기대감으로 선거 전략을 만들어선 안 된다. 반문재인으로 엮인 통합세력들은 서로 간의 묵은 앙금도 털어내지 못하는 모습을 보였고 명확하지 않은 선거 명분은 이를 밑바탕으로 해서 이뤄져야 할 공천 과정에서의 거대한 촌극으로 표출됐다. 공중전을 하는지, 해상전투를 하는지, 상륙작전에 나서는지에 대해 당내에서도 뚜렷한 합의가 없이 반문재인 연대라는 조악한 틀로 공천을 하다 보니 온갖 잡음이 터질 수밖에 없었다. 기

보수의 몰락

준이 명확하지 않았던 것이다.

　보수가 통합 작업과 반문연대에 한참 공들이고 있었을 그 시간에 진보 정당도 똑같이 보수 통합과 반문연대의 파괴력과 성공에 관한 여론조사를 하고 있었을 것이다. 깊이 고심했을 것이다. 보수는 왜 통합하려고 하는 것일까? 수차례 여론조사를 한 진보 여당은 답을 내렸을 것이다. '보수의 리더이든, 싱크탱크이든 무엇이든 단단히 고장 난 것이 틀림없다'고 말이다.

샤이 보수 온다더니…

　　　　　　　　　보수의 이런 촌극이 이번이 처음은 아니다. 선거의 단골 메뉴인 유명한 '샤이 보수' 이야기도 여론을 읽지 못하거나 뒤처진 보수의 현실을 보여주는 극명한 사례다. 총선 직전까지 야당의 선거 지도부는 '샤이 보수'가 나타나 보수 진영을 구할 것이라고 주장했다.

　　이진복 총괄선거대책본부장은 "작게는 4%, 많게는 8%까지 생길 수 있다고 본다"며 "샤이 보수가 선거장에 나올 경우 또 다른 변수가 될 수 있다. 오차범위 내에서 경합하는 지역들은 어떻게 될지 모른다"고 말했다.[088]

088　'숨은 표' 위력 있을까…여 "효과 미미"· 야 "샤이 보수 4~8%", 연합뉴스(2020. 4. 1)
　　https://www.yna.co.kr/view/AKR20200401085500001?input=1195m

총괄선대본부장이라는 직책을 고려하면 단순한 실언은 아니었으리라 보이는 구체적인 발언이다. 샤이 보수의 규모도 상당하게 예측했고, 그들이 투표장에 오면 마치 이변이 일어날 것처럼 이야기했다. 물론 샤이 보수는 없었다. 이쯤 되면 선거에 익숙한 시민도 헷갈릴 수밖에 없다. 샤이 보수가 있는데 오지 않은 것이냐, 처음부터 없는 것이냐. 보수 선대본부장이 여론을 호도한 선거 책략이냐를 두고 말이다. 위의 샤이 보수 이야기가 보수 투표를 독려하는 중진 의원의 양치기식 거짓말인지 아니면 보수가 정치 지형과 여론을 제대로 읽지 못하고 이야기한 것인지에 대해서는 정확히 판단하기 어렵다. 양치기식 거짓말이라면 책략의 일환일 것인데 10여 일 뒤 선거에서 탄로 날 주장을 했다는 점에서는 아쉬움이 크다. 통상 선거에서 선두주자는 표를 얻기 어렵다며 세력을 결집시키고, 추격자들은 몸집 부풀리기식 표현을 주로 사용하기는 한다. 문제는 샤이 보수에 대한 이야기는 오히려 보수 세력을 견제하는 표심을 자극하는 소재로 사용되는 경향이 큰데, 샤이 보수라는 메시지가 보수 세결집에 어떤 영향을 주는지에 대한 검토도 없이 보수 정치인들이 선거 때마다 되풀이해서 샤이 보수를 외친다는 것이다. 보수가 가진 선거 전략의 빈곤 탓이다. 인터넷 상에서 조롱거리가 되는 '샤이 보수 재림 투표' 이야기는 지난 전국 단위 선거에서도 똑같은 패턴으로 나타났다. 그때도 샤이 보수는 없었다.

2018년 6·13 지방선거에서 당시 홍준표 자유한국당 대표는 (더불어)민주당이 앞서는 것으로 나오는 여론조사가 조작됐다며 '샤이 보수' 결집을 강조했고, 민주당도 샤이 보수표가 10% 내외일 것으로 봤다. 그러나 뚜껑을 열자 보수 지지층은 한국당 기대만큼 나타나지 않았다(후략)[089]

2018년에도 이미 한국의 정치 지형은 바뀐 것이다. 보수는 2년 전에도 사라진 샤이 보수를 2020년까지 들먹이며 선거 전략으로 사용한 것이다. 되풀이 하지만 보수 지도부가 샤이 보수가 없다는 사실을 알고도 말했다면 기만이고, 모르고 이야기했다면 무능인 셈이다. 양쪽 다 보수 진영의 밑천을 드러낸 것이다. 이를 지적한 정치 분석가의 일침이 따갑다.

샤이 보수가 일부 1~2%, 2~3% 존재할 수는 있겠지만 통합당에서 주장하는 10%, 이건 엉터리였고요. 결국은 그 얘기는 상황 오판을 불러일으킨 겁니다. 지금 선거판이 어떤지를 제대로 짚지 못하고 계속 심판론, 문재인 대통령만 때리면 표가 올 것처럼 착각을 가진 이유는 민심을 정확히 읽지 못했다, 여론조사를 믿지 않았다, 거기

---

089 '숨은 표' 위력 있을까…여 "효과 미미"·야 "샤이 보수 4~8%", 연합뉴스(2020. 4. 1)
https://www.yna.co.kr/view/AKR20200401085500001?input=1195m

에 원인이 있지 않나 싶습니다.[090]

'엉터리 진단', 진보는 이렇게 보수의 정세 분석을 바라보고 있다. 진보는 보수의 분석 능력에 문제가 있다고 지적한다. '무능 보수'라는 진보의 보수 능력 진단이다.

090 [여의도 사사건건] "샤이 보수가 10%? 엉터리!"… "국민이 '구설수 보수' 걸러줘", KBS(2020. 4. 17)
http://news.kbs.co.kr/news/view.do?ncd=4427134&ref=A

보수의 몰락

06.
진보 권위주의와 권력화

황교안 대표의 리더십이 부족한 것도 사실이다. 의원의 막말이 문제가 됐던 것도 사실이다. 보수 야권의 통합과 반문연대가 지리멸렬하게 진행된 것도 문제였다. 통합을 하고도 제대로 전면에 나서지 않은 의원의 태도도 문제였다. TK 공천을 새롭게 풀어내지 못한 것도, 서울, 경기, 인천 수도권의 전략 공천도 문제였다. 보수 야권이 문제가 아닌 것은 하나도 없었다. 무엇을 위해서 싸우고 국회의원 선거에 나서고 왜 진보 세력과 맞섰는가. 도대체 보수는 무엇과 싸웠는가.

이 대답에 도움을 주고자 새로운 이야기를 길게 풀어내고 있다. 보수는 무엇을 할 것인가. No보수는 어찌 보면 운동권 세대가 가진 극단적인 내셔널리즘의 기류에 불과하기도 하고, 폭발적인 감성을 가진 한국민의 다혈 기질이 잠시 반영된 여론에 불과해 보이기도 한다. 반일 정서가 없던 적은 없었기도 하다. 미움이 오래 쌓이면 병이 된다. '특정 집단 혐오'라는 트라우마가 한국 사회를 흔들고 있다. 트라우마에 빠진 한국 사회는 합리적인 사회적 의사 결정이 불가능해진다. 양쪽의 주장은 강해지고 사회적 문제는 해결이 불가능해지는 구조로 고착된다.

오늘날 진보가 만들어가는 사회는 진보 권위주의 사회이다. 이 책은 그런 면에서 한국 사회를 진단하는 사회심리학에 가깝기도 하다. 혐오 정서로 소환된 정치 집단이 원하는 결말은 무엇인가. 한국 사회의 갈등은 해결이 되지 않는다. 한국 사회에서 사회 문제의 해결, 즉 대형 사건이 발생한 뒤 그 사건이 종료되는 문제 해결의 대단원의 끝은 어디인가. 한국 사회에서 파랑새가 있는 '해피 엔딩'은 어디인가.

진보 진영은 훌륭한 선동가들이다. 그러나 문제의 진정한 해결자는 아니다. 그런 의미에서 진보 정당 역시 다분히 이상 속의 정치가가 아니라 현실 권력자들이다. 선동해서 권력을 쟁취하고 자신이 선포한 이슈 위에서 군림하는 정치 집단이다. 누가 법치를 위협하는가. 정치 세력에 의해서 야금야금 변형되고, 훼손되고 있는 한국의 법률은 누구에 의해서 바닥으로 밀쳐지고 있나. 법을 흔드는 세력은 한국의 민주주의를 위협하는 세력이다. 그 세력이 가장 강력한 정치 집단이 된다면 시민은 그들을 서서히 경계해야 한다. 너무 늦었는지도 모른다. 당내 소수 의견을 이야기한다고 징계를 내리는 집단에게서 우리는 위기의 민주주의와 진보 여당의 민낯을 보고 있다.

보수는 누구와 싸워야 하는가. 보수가 진보와 싸워야 하는 이유는 '없다'. 보수와 진보는 공생할 수 있는 새의 오른쪽, 왼쪽 날개이다. 그러나 법을 흔들고 사회의 근간을 망치는 진보 권위주의 세력과는 당연히 맞서 싸워야 한다. 진보라는 이름으로 한국 사회의 민주주의를 위협하는 세력이 있다면 우리는 민주주의와 시민의 이름으로 그들을 견제해야 한다. 보수가 보수이지 못한 이유는 바로 무엇과 싸우는지에 대해 몰랐기 때문이다. 그런 보수는 보수가 아니다. 자신이 올바르지 않았기에 올바른 상대를 보지 못한 것이다.

보수는 무엇과 싸워야 하는가. 우선 자신의 과거와 싸워야 한다. 보수의 과거가 만들어낸 숱한 과오들과 이별해야 한다. 그 과오가 보수가 꿔온 꿈이 키워온 괴물이라면 그 괴물과 정면 대결을 펼쳐야 한다. 보수가 자신 안의 괴물을 추방하지 못하면 보수는 민심의 사랑을 받을 수 없다. 민심이 없는 정치 세력은 죽은 정치 세력이다. 죽은 정치 세력이 정부를 통치할 방법은 존재하지 않는다. 버려라. 그래야 살아날 수 있다.

보수는 새로운 전략을 가져야 한다. 새로운 전략은 진보 권위주의의 작동 방식을 면밀히 연구하는 데서 시작되어야 한다. 진보 권위주의가 어떻게 작동하는지에 대해서 세상에 알리고 그 권위주의의 실체와 민낯을 드러내야 한다. 앎이 보수를 해방할 것이다.

보수는 책임이 있다. 진보 권위주의는 보수의 실책이란 어두운 습지에서 자라났다. 보수가 살피지 못한 자리에 생긴 균열과 사회의 아픔이 그들이 성장시킨 자양분이다. 그래서 보수는 과거의 잘못과 이별해야 함과 동시에 오늘의 한국 사회의 과거가 진보 권위주의의 습지가 되는 것은 막는 능력을 갖춰야 한다. 어려운 과제가 될 것이다.

이미 진보 권위주의가 도처를 휩쓸고 있다. 보수를 더욱 흔들 것이다. 보수 내에서도 방향을 제대로 잡지 못한 정치인이 있다. 가장 무서운 적은 내부의 적이기도 하다. 그런 정치인도 버틸 곳은 없다. 적은 약한 고리부터 공략해올 것이다. 앞으로 보수가 가야 할 새로운 길에서 낙오해 혼자 외떨어져 가는 인사는 우선 공격 대상이 될 것이다. 보수를 둘러싼 혐오 정서, 진보 진영이 소환한 No보수는 그런 보수 정치인을 기다리고 있다.

더욱 강한 진보 권위주의 세상이 올 것이다. 법은 더욱 무력화되고, 몰락한 보수 덕에 진보 권위주의는 손쉽게 진보 진영을 포섭하게 될 것이다. 강력한 포퓰리스트들이 진보에서 속속 모습을 드러낼 것이다. 서로 경쟁하듯이 말이다. 반일, 보수 혐오 정서를 정의로 포장해 손끝으로 여론을 움직이는 정치인이 나타날 것이다.

보수의 몰락

Chapter 04

위선, 정치를
잠식하다

—— 권력의 집중은 항상 자유의 적이다.

01.

역사 전쟁
- 진보의 덫과 보수

일제강점기가 끝난 지 70년이 넘었다.

조선이 멸망한 지 110년이 되어간다.

한국 사회는 아직도 친일 – 반일 논쟁이 뜨겁다.

보수 진영이 지금도, 어제도, 가장 속수무책으로 당하는 영역이 '역사'다. 역사 이야기만 나오면 보수는 작아진다. 역사를 무기로 쓰는 법을 진보는 알고, 보수는 모르기 때문이다. 더 정확하게 이야기하면 과거사니 역사 문제는 진보가 보수의 발목을 찍기 위해 만들어놓은 덫으로 사용되는 고도의 정치 전략이다.

진보가 말하는 역사는 우리가 머릿속에 떠올리는 종이와 글로 된 역사가 아니다. 보수를 공격하기 위한 날카로운 칼이고 자신의 정당성을 강조하기 위한 체계적인 전략이다. 그들이 역사라고 부를 때 보수는 '덫'이라고 들어야 한다. 진보는 오늘도 보수 세력이 '과거사, 역사'라는 이름을 가진, 진보가 쳐둔 무시무시한 덫으로 성큼 들어와서 큰 타격을 받길 기다리고 있다. 진보가 이야기하는 역사는 역사가 아니다. 칼이자 덫이다. 보수는 진보의 덫을 명확히 알아야 한다. 진보 진영은 '정의'와 '평등', '공정'이라는 핵심적인 이념 구호를 가지고 있었다. 진보는 몰역사적인 존재다. 정의라는 개념에 시간이 어디에 있겠는가. 진보는 노무현 시대를 거치면서 그들의 역사 요새를 완성한다.

진보는 자신의 정당성을 보장해줄 '역사의 한 장면'을 찾아다니는 이념 집단이 됐다. 새로 찾은 애절한 역사의 한 장면에 스토리와 멜로디를 섞어서 대중에게 전달하고 책임은 보수 세력에 철저히 묻는 틀(전략)을 개발했다. 진보 진영의 정치적 상상력은 1900년대 초 구한말까지 그 폭을 넓히고 있었다. 조금 더 지나면 가야사나 신라사, 고구려사에서 무언가를 찾아낼지 모른다. 일단 진보 진영은 한국 근현대사에서 자신들의 이미지를 포장할 정의로운 이들을 찾아내기 시작했다.

'안중근'(47%), '김구'(45%), '유관순'(37%), '윤봉길'(30%), '안창호'(13%), '김좌진'(11%) [091]

---

091 한국갤럽, 데일리오피니언 제151호(2015년 2월 4주), 재인용
     https://www.gallup.co.kr/gallupdb/reportContent.asp?seqNo=635

한국인들이 가장 잘 알고 있는 독립운동가들이다. 운동권과 독립운동가가 무슨 연관이 있을까. 정당으로 볼 때는 딱히 연관이 없다. 아무런 연속성이 없어 보이는 독립운동가에게 자신들의 파란 색을 입혀서 대중에게 선보이기 시작했다. "독립운동가가 진보의 아버지야." 그 이후 진보 진영은 이제 새로운 덫을 꺼내든다. 건국절 논란이 바로 그것이다.

의도적 도발, 건국절 논란

8·15 광복절을 앞두고 정치권에서 건국절 논란이 재점화할 조짐을 보이고 있다. 건국절 논란과 관련해선 대한민국의 건국 시점을 상해 임시정부 수립일인 1919년 4월 13일로 봐야 한다는 진보 진영의 입장과 이승만 정부가 출범한 1948년 8월 15일을 건국일로 봐야 한다는 보수 진영의 입장이 팽팽히 맞서고 있는 상황이다.[092]

'대한민국의 건국은 언제인가'가 건국 논란이다. 진보는 임시정부, 그리고 대한독립이라는 우리 정부의 이념적 근간을 위해 싸워온 선영을 기리겠다고 주장했다. 헌법에도 나와 있는 이념이다. 그

---

092 "임정 수립일" vs "이승만 정부 출범일"… 건국절 논란 재연(종합), 뉴스1(2018. 8. 14)
https://www.news1.kr/articles/?3398570

러면서 하나를 더 주장한다. 건국일을 바꾸자고 주장한다. 물론 그 속내에 좌우 이념의 경계선을 넘어가겠다는 의도가 있었을 수 있다. 보수는 반대한다. 진보가 예상한 시나리오다. 진보는 보수를 공격한다. 독립운동가의 산실인 임시정부를 인정하지 않는 보수는 이상하다. '그렇다. 보수는 친일파다'라는 주장을 일삼는다. 보수는 합리적인 주장을 하며 현행 제도를 지키자고 주장하는 수준인데 논쟁의 끝에서는 '진보=반일=정의' 세력이 되어 있고, '보수=친일=악'의 세력이 되어 있는 것을 볼 수 있다.

진보는 이제 틈만 나면 건국절 논란을 꺼내들 것이다. 8.15가 되면 말이다. 그러다 결국 보수가 물러서면 다시 한 번 선포한다. '진보의 정의가 승리했다. 나쁜 보수가 물러났다.' 혹자는 이렇게 물을 것이다. 친일 이미지가 그렇게 치명적인 것인지에 대해서 말이다. 시민은 임시정부를 '반일'과 동일시한다. 반일이 그렇게 중요한 것이냐는 질문에 대해서 필자들은 한국 사회에서 가장 단일한 방향으로 힘을 모을 수 있는 원동력을 반일 감정으로 본다. 한국민의 '반일 감정'은 거대한 정치적 에너지의 용광로다. 2000년 이후 일본에 대해 반감을 가진 시민들은 60~70%를 보였다. 10명 중 예닐곱 명이 '반일'인 것이다.[093] 진보는 이 거대한 국민적 에너지를 자신의 영역으로 끌어들이는 작업을 벌인 것이다.

093 한국갤럽, 데일리오피니언 제362호(2019년 7월 2주)
https://www.gallup.co.kr/gallupdb/reportContent.asp?seqNo=1031

진보가 친 덫, 친일 보수

보수 세력의 대응은 온 국민이 존경하는 항일 독립운동가와 반일의 상징인 임시정부를 부정하는 부도덕한 세력으로 낙인찍힐 수밖에 없는 구조다. 건국절 논란에서 보듯 보수는 합리적인 논리를 내세운다. 국가란 영토가 있어야 하는데, 임시정부는 영토가 없었다는 논리다. 말은 맞지만 차가운 이성으로 대중의 지지를 얻을 수는 없다. 그보다 시민은 '친일'이라는 보수 혐오를 자극하는 선동에 더 가슴이 움직인다. 보수는 건국절 논란이 가리키는 거대한 여론의 지형을 제대로 읽어내지 못한 것이다.

진보 진영은 과거부터 끊임없이 보수 진영을 친일 세력으로 만들기 위해서 끊임없이 작업을 해왔다. 진보 진영은 과도하다 싶을 정도로 무리수를 두어가면서도 반일 감정을 자신의 정치적 원동력으로 승화시키기 위해 노력을 해왔다. 일본을 반대하는 에너지가 진보 진영으로 이어진다면 진보 진영은 100년 가는 정당의 위상을 누릴 수 있을 것이다.

그래서일까. 2004년 노무현 정부 당시 진보 진영은 반일과 관련해 무리한 정치 드라이브를 걸기도 했다. 당시 노무현 전 대통령의 열린우리당은 친일 청산 관련법을 주도하다 오히려 진보 진영의 유력 정치인들이 일본군 등 친일 논란 행적이 불거진 이들의 후

손이라는 사실이 드러나 역풍을 맞았다.[094]

오늘도 진보는 역사를 정치 테이블 위에 꺼내든다. 익숙한 풍경이다. 그때나 지금이나 진보가 진정 노린 것은 친일 청산이 아니라 보수 세력의 제거다. 친일 논란은 진보와 보수를 가리지 않고 정치인에게 친일 딱지가 붙는 순간 대중의 지지는 포기해야 하는 무서운 천형(天刑)이다. 한국민의 70%, 10명 중 7명이 일본을 싫어한다. 아마 10명 가운데 10명이 친일파를 반대하고 7명 정도는 친일파를 극도로 혐오할 것이다. 노무현 정부 이후 진보 정당이 '반일 세력'이라는 확고한 이미지를 2000년대부터 꾸준히 구축해오는 동안 보수는 '반공 진영'에 매몰되어 있었다.

반공에 대응하는 논리에 맞서 진보는 친일이라는 카드를 만들어낸 것이다. 그것도 아주 오랜 시간에 걸쳐서 말이다. 이 글을 쓰는 순간에도 진보 진영은 새로운 역사의 덫을 선보였다. '현충원 친일파 파묘(무덤을 파내서 이장하는 행위)' 주장이다.

"다음 세대에는 온전한 현충원을 물려주고 싶다"며 "그 출발에 역사 바로 세우기가 있고, 현충원에 묻힌 친일파들을 정리하는 문제가 있다"고 했다. 이어 "자라나는 아이들에게 '나라를 위해 헌신하는 것이 자랑스러운 일'이라고 당당하게 가르칠 수 있도록 (파묘를

---

094 신기남 의장, 부친 일본군 복무 사과, 매일경제(2004. 8. 17)
https://news.naver.com/main/read.nhn?mode=LSD&mid=sec&sid1=100&oid=009&aid=0000387216

추진할 수 있는) 국립묘지법과 상훈법 꼭 개정하겠다"고 했다.[095]

반대하면 친일파가 되는 구조를 가진 무서운 덫이다. 진보 진영에 처음 진입한 초선 정치인이 내세운 법안이라는 점에서 갈수록 진보 진영의 덫을 만드는 수준이 높아질 것이다. 진보 진영에서는 잃을 것이 없다. 파묘가 추진되면 반일 세력의 지지를 받을 것이고, 보수 진영이 반대하면 그를 빌미로 보수 진영을 친일파로 공격하는 개과를 올릴 것이다. 어떤 답을 내려야 하는가. 묘를 파헤치는 것이 정답인가. 보수 진영이 모두 고민해야 할 문제다. 진보가 던지는 덫을 현명하게 풀어야 한다. 역사에 대한 실체적인 고민을 진행하지 않으면 보수는 진보 의원 177명이 내는 역사의 덫 속에서 진퇴양난에 빠질 것이다. 무엇보다 시급한 과제다.

095   민주당 이수진 또 파묘 주장 "현충원 묻힌 친일파 정리해야", 조선일보(2020. 6. 6)
      http://news.chosun.com/site/data/html_dir/2020/06/06/2020060601137.html

02.

정의와 기억 그리고 보수

2020년 5월, 일제강점기 피해라는 한국 사회의 오랜 상처를 어떻게 해결해야 하는지를 두고 우리 사회는 커다란 갈림길에 섰다. 일제강점기 피해자인 90대 할머니의 기자회견에 세간의 이목이 집중됐다.

"배가 고프니 맛있는 거 사 달라"라고 했더니 당시 정대협 간사로부터 돌아온 말은 "돈 없다"였다. "그냥 그런가 보다 하면서 30년간 쭉 이용됐다.

이용수 할머니 [096]

---

[096] 이용수 할머니 "배고파 맛있는 거 사 달라 했는데 돈 없다더라", 국민일보(2020. 5. 25)

영문을 모를 모금 활동에 나서게 되고 "배가 고프니 맛있는 거 사 달라"고 했지만 "돈이 없다"며 거절당했다는 할머니의 이야기에 양심 있는 시민이라면 고개를 차마 들기 어려울 참담함을 느꼈을 것이다. '한국이 할머니 한 분의 상처를 제대로 보살피고 따뜻하게 껴안지 못해왔나'라는 자괴감에 대부분이 얼굴이 화끈거리고 참담한 심정을 느꼈을 것이다.

일제강점기 당시 나라 잃은 국민으로 모진 고통을 겪은 할머니들. 그래서 많은 시민은 이 단체의 운동을 적극 지지해왔다. 한일 갈등이 생길 때마다 피해자들을 따뜻하게 보살피고 한(恨)을 풀어주겠다는 이 운동에 한국 시민은 누구보다 열성적이었다. 한국 사회가 늙고 힘든 피해자 할머니들을 충분히 보호할 수 있는 정부와 시민으로 만들어진 국가라는 점을 시민은 계속해서 확인하고 싶어 한 것이다. 이 운동이 수십 년 대국민 지지를 받아온 이유다.

아흔 넘은 피해자 할머니의 이야기를 들으며 진영을 보호하려는 진보 진영의 논리에 대해 시민이 느끼는 불쾌함은 이루 말할 수가 없다. 도대체 그들은 누구인가라는 의아함이 도처에서 일어나고 있다. 피해 당사자인 할머니보다 피해자를 돕는 단체가 더 중요한 존재라고 주장하는 말도 안 되는 상황을 보고 있다. 위안부 피해자의 입장이 너무나 중요하다고 강조해온 진보 진영이 이제는 다른 말을 한다. 시민은 이해할 수 있을 것인가. 피해자 할머니는

자신의 심정을 "재주는 곰이 넘고…"라며 명확하게 표현했다.[097]

누가 할머니를 스스로 '재주넘는 동물'로 느끼며 살아오게 됐는가.

한국 사회에서 근현대사 관련해 가장 강력한 영향력을 가진 단체의 민낯에 시민에게 적잖은 충격을 주고 있다. 위안부 피해자 분들을 돕는 또 다른 단체 역시도 문제가 드러나고 있다. 할머니들이 돌아가신 뒤에 새로운 계획을 위해 운영비를 줄이려 했다는 보도가 나왔다. 화가 난 시민들은 후원금 반환 소송에 나설 조짐도 보이고 있다.[098] 이 단체에 지난해 시민의 후원금은 25억 원이라고 알려졌다.

진보 진영의 태도가 문제라는 것은 누구나 안다. 진보 정당이 지역구도 아니고 사회의 각 영역을 대표로 해서 뽑는 비례대표 의원으로 발탁한 인물의 행적이 문제가 된다는 것은 단지 그 사람 개인의 허물로 끝날 일이 아닌데 당 지도부는 남의 일 쳐다보듯 하고 있다. 보수 정당에서 후원금 유용 의혹이 불거진 정치 신인이 있다면 진보 정당을 어떤 대응을 요구했겠는가. 횡령이나 유용의 문제는 검찰 수사로 범죄의 여부가 판별날 것이다. 더욱 중요한 점은 이번 논란이 진보 진영이 그토록 주장해온 정의와 역사(기억)의

097 '분통' 터트린 이용수 할머니 "재주는 곰이 넘고… 윤미향 사람 아니라고 본다", 서울경제(2020. 5. 28)
     https://www.sedaily.com/NewsView/1Z2XDLFII3

098 작년 6000명 25억 후원 '나눔의집'… 후원금 반환소송 움직임, 중앙일보(2020. 5. 29)
     https://news.joins.com/article/23789020

문제와도 연결된다는 점이다. 진보 진영은 정의로운가. 역사에서 늘 정의로운가. 진보 진영의 지난 세월의 활동이 시민의 기억에 오래 남을 만큼 공정한가에 대해 시민은 자문하고 있을 것이다. 진보 진영을 대표하는 오늘의 거대 진보 여당은 자신의 정체성에 대한 시민의 물음에 대해 답을 애써 회피하고 있다. 이번 논란을 무엇으로 설명할 것인가. 할머니 개인적 기억력 문제, 할머니의 오해나 특정 인사에 대한 개인적인 실망과 사소한 갈등이라고 치부할 것인가.

할머니 개개인의 '말'과 '감정'의 소중한 가치를 인정하지 않는다면 진보 진영이 지지해온 위안부 피해자 운동이 지향해온 역사와 정의는 누구를 위한 운동이고 가치인가. 국가 권력에 아스러진 개인의 깊은 상흔과 피해를 기억하자는 그 운동의 진정한 지향점을 망각한 것인가. 이번 사건으로 시민은 또 목격했다. 진보 권력의 패권주의, 끼리끼리 문화이다. 유사한 문제가 보수 진영이 연루된 단체에서 일어났다면 진보 진영은 벌떼처럼 들고 일어났을 것이다.

일부 진보 인사들은 피해자 할머니에게 책임 있다는 식의 주장까지 내세운다. 진보가 권력에 취했다는 비판이 나올 만하다. 과거 진보 진영이 보수 진영에 억눌릴 당시는 보수 진영 탓에 내부 비판을 삼가야 했다면 지금은 진보가 사회 주도 세력이다. 누구를 위해서 의혹을 감싸야 하는 것인가.

'내로남불, 내가 하면 로맨스, 남이 하면 불륜'이라는 이야기가 있다. 이번 논란이 진보 정당의 내로남불을 여실히 보여준 사례이다. 피해자를 수십 년간 가슴 아프게 한 책임은 누가 져야 하는가. 할머니는 왜 분노해야 하고 가슴 아파해야 하는가. 그 책임이 할머니 탓인가. 진보 진영의 '공정과 정의'는 피해자나 사회 문제가 다른 진영을 탓하고 비난할 수 있을 경우에만 엄격하게 지켜져야 하는 그들만을 위한 잣대인지 모른다.

혼란스러운 No보수

진보 진영과 한 방향을 보고 달려온 No보수는 혼란스럽다. 이명박, 박근혜가 나쁘고, 일본이 나쁘고, 보수 정당이 나쁘다는 데에 진보 정치 세력과 No보수는 전혀 이견의 여지가 없었다. '친일 세력이 저곳에 있다'며 진보 정치 세력이 좌표를 찍고, No보수가 득달같이 달려들어서 사회적으로 사망 선고를 내리면 됐다. 둘이 함께 할 때는 아무런 거리낌이 없었다. 이번 논란 때까지는 말이다.

조국 전 법무장관의 사태에는 조국 전 장관을 지키려는 여론이 상당했다. 검찰이 의도적으로 먼지털이식 수사를 한다며 거리에서 '조국 수호'를 외치는 인파가 있었다. 검찰 청사가 있는 서울 서초의 도로에서 시민들이 모여 검찰 개혁을 외쳤다. 이번 논란에서는 문제의 시민 단체를 옹호하는 대규모 시위는 찾아보기 힘들었다. 그만큼 혼란스러운 No보수의 민심이 느껴지는 국면이다.

보수의 몰락

No보수는 갈등하고 있다. '좌표가 어디인가.' 시민단체와 대표였던 진보 여당의 비례의원에 대해 검찰 수사가 시작되고 시민의 비판이 이어지고 있지만 검찰과 보수 정당이 친일 세력이라고 비판하는 이들을 찾아보기는 어렵다.

No보수의 보수 혐오도 일정 조건에서야 형성된다는 것을 알 수 있는 대목이다. No보수는 진보 진영의 묵과할 수 없는 과오까지 옹호하는 집단이 아닌 것이다. 깨어 있는 No보수는 전면 공격에 나설 때는 집단적으로 나서지만 모든 사안을 완벽히 진보의 진영 편에서 생각하지 않는다. 보수를 혐오하는 No보수의 집결에도 최소한의 조건이 필요하다. 무조건 진보 진영이라고 해서 옹호하는 키보드 워리어는 소수이다.[099]

그러기에 보수 정치 세력은 한국 사회의 오랜 문제를 해결하는 능력을 가져야 하고 보여야 한다. 진보에 대한 비판이 높아도 보수는 사태에 대한 판단을 명확히 해야 한다. 이번 사태에 대한 거센 비난이 보수 진영에 대한 칭찬이 아니라는 점을 반드시 알아야 한다. 이 단체가 잘못했다는 사실이 보수가 한일 관계가 연동된 위안부 피해자 문제에 대해 시민의 눈높이에서 볼 때 잘해왔다는 것이 아니라는 것을 이해해야 한다.

민심은 혼란스러워 할 뿐이다. 보수를 지지하지는 않는다. 이번

---

099 진보·보수 양극화는 '신기루'…KDI "중도 많은데 SNS가 왜곡", 중앙일보(2020. 5. 27)
      https://news.joins.com/article/23787231

사태로 문제가 불거진 단체가 사라지고 이번 총선에서 비례대표로 국회의원이 된 단체의 전 대표가 검찰의 포토라인에 서게 된다고 해도 여론은 보수를 지지하지 않을 것이다. 보수 야당은 이 사건이 불거지자 관련 사건에 대한 TF를 만들고 단체를 상대로 국정조사를 하겠다며 연일 공세를 퍼붓고 있다.[100] 그럼에도 여론조사를 보면 보수 정당의 지지도는 최악을 지나고 있다.[101]

보수의 입장에서 진보 정당 정치인이 된 단체 대표의 과오를 따지는 일은 분명히 있어야 한다. 하지만 이는 보수의 지지도 상승에는 영향을 주지 않는다는 점은 알아야 한다. 왜 영향을 주지 않는지에 대해서도 알아야 한다. 진보 진영을 무조건적인 비판을 한다고 해서 진보의 잘못이 곧바로 보수에 대한 지지로 전환되지 않는다. 진보 진영에 대한 비판 여론이 보수 지지 여론으로 오기 위해서는 보수 혐오라는 거대한 유리벽을 넘어야 하지만, 그 벽은 여전히 강력하다.

보수 혐오를 넘어서기 위한 과정이 보수에게 요구된다. 우선, 보수는 정의와 역사 앞에 머리를 숙여야 한다. 보수 세력의 부족한 관심 탓에 할머니를 30년의 세월에 둔 것은 아닌지, 또 보수 세

---

100 보수 야권 "할머니의 울분"… 윤미향 진퇴 입장 촉구(종합), 연합뉴스(2020. 5. 25)
      https://www.yna.co.kr/view/AKR20200525129251001?input=1195m
101 한국갤럽, 데일리오피니언 제402호(2020년 5월 3주), 재인용
      https://www.gallup.co.kr/gallupdb/reportContent.asp?seqNo=1109

력이 한국 현대사가 낳은 피해자를 위해 무엇을 했었는지 철저히 반성해야 한다. 시민을 구하지 못한 정치가 무슨 정치이겠는가. 국정을 수십 년 이끈 보수 정치 세력이 이 할머니에게 진심어린 해결 노력을 기울였다면 할머니의 30년은 바뀌지 않았겠는가. 할머니가 억울함을 호소하며 기자회견장에 서는 일 없이 노년을 따뜻하게 보낼 수 있지 않았을까. 역사와 진실을 떠나 보수가 당연히 부끄러워해야 하는 대목이다. 할머니에게 오랜 시간 보수 정치 세력이란 무엇이었을까.

연약하고 나이든 상처 입은 국민을 보살피지 못한 채 국정운영을 해온 보수 정치 세력에 대해 진지한 성찰을 해야 한다. 국민을 위한 정치는 정치 집단의 당연한 숙명이다. 보수 진영에도 사회를 보듬고 이끄는 정치 DNA가 다시 리부팅(rebooting)되어야 하는 시점이 2020년이다. 진보가 권력의 정점에 올라선 시점에 터져 나온 할머니의 기자회견은 앞으로 다가올 정국 변화의 서막이 될 것이다.

진보 진영은 시민의 비난 요구를 무시할 공산이 크다. 그들은 외부 세력의 비판에 폐쇄적인 반응을 보여온 '운동권' 사람들이다.[102] 진보의 오래된 방식과 위선적인 태도는 서서히 외면 받을 것이고 시민은 해묵은 갈증과 함께 염증을 느낄 것이다. 젊은이들은

---

102 이용수 할머니 2차 기자회견 뒤 첫 수요 집회 "바위처럼 지켜내자", 한겨레(2020. 5. 27)
    http://www.hani.co.kr/arti/society/society_general/946683.html#csidx8ba1cdaa05965899c2344a3
    df40922a

정의를 외면하는 진보 세력의 대응을 이해하지 못할 것이다. 새로운 시대적 요청이 오고 있다. 보수는 새로운 길 위에서 오래된 문제를 해결해야 한다. 세상의 모든 것이 연결됐듯이 이번에 불거진 논란은 진보 시민단체의 문제에 국한되는데 끝나지 않을 것이다. 새로운 시대에서 역사 문제를 어떻게 대하고 해결하는 정치 세력으로 거듭나느냐를 보여주는 일종의 시험대이자 관문이 될 것이다. 진보에게도 새로운 관문이다. 한국 정치 세력이 한국의 역사 문제 앞에 어떻게 대처하고 가야할 것인지 할머니는 자세한 안내문을 적어주었다.

> (전략) 세 번째, 한일 양국을 비롯한 세계 청소년들이 전쟁으로 평화와 인권이 유린됐던 역사를 바탕으로 인류가 나아가야 할 길을 함께 고민하고 체험할 수 있는 평화 인권 교육관 건립을 추진해 나갔으면 합니다. (중략) 다섯 번째, 앞서 말씀드린 것들이 소수 명망가나 외부의 힘에 의존하는 것이 아니라, 그동안 정대협과 정의연이 이뤄온 성과를 바탕으로 우리 국민의 힘으로 새로운 역량을 준비해야 한다고 생각합니다. 여섯 번째, 이번 사태를 기점으로 개방성과 투명성에 기반한 운영 체계를 갖추기 위한 논의가 이뤄지길 바랍니다. (후략)[103]

103 이용수 할머니 "30년간 팔려 다녀… 윤미향 죗값 치러야" [전문], 한국경제(2020. 5. 25)
   https://www.hankyung.com/society/article/2020052535817

1) 조속하고 실질적인 대책, 2) 평화와 화해 우선주의, 3) 개방적이고 투명한 새로운 기구, 4) 소수 인물 중심의 활동 탈피다. 진보 진영의 피해자 중심주의 역사운동이 가진 한계점을 뛰어넘을 대안이다. 할머니가 직접 내려준 친절한 안내문을 읽을 줄 아는 보수의 정치 세력이 지금 국회에 있길 바란다. 정의와 기억은 진보의 전유물만이 아니다.

03.
진중권 아이러니
- 스피커도 없는 보수

까놓고 이야기 하면 (통합당은) 뇌가 없다. 브레인이 없다.[104]

진중권 전 동양대 교수

진중권 전 교수가 화끈한 독설을 펼친 곳은 보수 야당의 면전이었다. '길 잃은 보수정치, 해법은 무엇인가'란 주제로 국회에서 열린 토론회에 진 전 교수가 나선 것이다. 참패한 보수가 주재한 살길 찾기 대책 회의에 진보의 대표적 논객이 직접 찾아와 묘수 한수 가르쳐준 격이었다.

잠시 과거로 돌아가보자. 보수의 미디어 선점력은 예전부터 상당히 미약했다. SNS 정치 시대를 본격적으로 연 트위터만 해도 대

---

104 보수 토론회 온 진중권… "통합당은 뇌가 없다", 헤럴드경제(2020. 5. 15)
    http://news.heraldcorp.com/view.php?ud=20200515000525

부분 파워 트위터리안은 진보 인사들이 장악했었고 그런 상황은 계속 이어졌다.

> 트위터와 페이스북 등 소셜네트워크서비스(SNS)는 2010년 6 · 2 지방선거와 지난해 두 차례의 재 · 보선 과정에서 선거전의 신(新) 병기 자리를 굳혔다. 소설가 이외수 씨 같은 파워 트리터리안들이 내놓는 트윗이 여의도 정치인들을 떨게 만들 정도였다.[105]

　10년의 세월이 지났다. 정치 디지털 리터러시 분야에서 보수는 발전이 없었다. 그럼에도 전통적인 레거시 미디어가 있기에 보수는 자신의 지지층에게 메시지를 전달하는데 어려움을 겪진 않았다. 과거 정치 뉴스의 초점은 주도세력인 보수에 맞춰져 있었고 쥐어진 권력은 보수에 우호적인 보도를 가능하게 했다.

　탄핵의 시대 이후 보수 정치인은 인터넷 미디어의 흥미로운 먹잇감 취급을 받게 됐고 뉴스의 중심을 차지하는 주도권은 진보에게 빼앗기게 됐다. 이런 상황에 익숙하지 못한 보수 정치인은 쉽게 망신당하게 마련이다. 주도권을 빼앗긴 '취재 대상'은 다른 방식으로 뉴스의 세계에서 회자된다. 사진기자의 거듭된 요청에 마지못해 시장에서 어묵을 먹게 된 황교안 전 대표는 "이건 어떻게 해서 먹는

105　트위터 영향력, 수도권·대도시 못 벗어났다, 중앙SUNDAY(2012. 4. 15)
　　　https://news.joins.com/article/7898403

거냐"고 한마디 덧붙였다가 선거 내내 조롱거리가 됐다.[106]

황 대표가 왜 그런 말을 했지는 아무도 모를 일이지만 보수 진영에는 큰 악재였다. 선거라는 핵심적인 국면에서 보수가 미디어를 통해 대국민 메시지를 전달하는 데 얼마나 취약한지를 볼 수 있는 대목이다.

어묵 에피소드가 터진 이 날은 황 전 대표가 종로 출마 선언 후 처음으로 종로 지역을 방문한 날이었다. 출마에 깊은 고심이 있었다지만 아무런 준비가 없는 방문이었다. 황 전 대표가 대결하겠다는 문재인 대통령은 달랐다. 어묵은 따뜻한 '메시지'였다.

'아이에게 오뎅국물 건네주는 문재인'[107]

문재인 대통령이 2017년 1월, 대선 국면을 앞두고 시장을 방문해 찍은 사진기사의 제목이다. 이미 어묵 사진 한 장에서부터 황 전 대표는 패했다. 사진 한 장은 많은 것을 보여준다, 황 전 대표는 억울했을 것이다. 사실 어묵 사건은 황 전 대표의 실수만 보여주는 것이 아니라 보수에 대한 사회의 인식을 보여주는 단적인 예

---

106 종로 찾은 황교안, 어묵 들고 "이건 어떻게 먹는 거죠", 이데일리(2020. 2. 10)
    https://www.edaily.co.kr/news/read?newsId=01899126625669208&mediaCodeNo=257&OutLnkChk=Y
107 아이에게 오뎅국물 건네주는 문재인, 뉴시스(2017. 1. 3)
    https://newsis.com/pict_detail/view.html?pict_id=NISI20170103_0012549172

보수의 몰락

다. 미디어는 보고자 하는 대상을 보고자하는 이들에게 전해주려고 의식적으로 노력하게 마련이다. 미디어의 대부분은 디지털 세계에서 소비된다. 웹상에서 소비되는 보수 혐오 현상을 보수 정치인이 제대로 이해하지 못하는 것만으로 보수 정치 패착의 시작이다. 진보의 유력 후보가 같은 말을 던졌다면, 미디어는 다루지 않거나 혹은 더 나아가 '배려 깊고 자상한 ○○○ 후보'라고 썼을지 모른다. '사람이 먼저인 ○○○ 후보'라고 제목을 넣을지 모른다. 진보는 그런 맥락이 가능하다. '진보=선하다'라는 이미지가 대중 사이에 퍼져 있기 때문이다.

진보는 선한 이미지를 만들기 위한 많은 공을 들여왔다. 보수가 정치권을 위한 정치를 할 때 진보는 이미지를 위한 정치를 해왔다. 보수는 시대에 뒤떨어졌다. 너무 오랜 시간이 지났다. 진보가 수년에 걸쳐 정의롭고 선한 이미지를 구축할 때 보수는 자신에게 적합한 이미지를 만들어내지 못했다. 보수는 조심해야 한다. 보수 집권기간이 만든 민심의 기울어진 운동장 때문에 그렇다. 여차하면 크게 넘어진다. 보수 혐오의 시대에서 보수 정치인은 서민의 삶을 모르는 기득권층이고 '서민의 발'인 지하철 타는 방법도 모르고 서민의 음식인 분식집 어묵도 제대로 먹어본 적이 없어야 한다. 그래야 진보의 우위 시대, 대중이 받아들이는 보수 혐오라는 미디어 문법이 완성이 된다.

선입견에 휩싸인 보수는 점점 더 대중이 소비하는 방향으로 맞춤형 서비스를 해야 하는 전통적 미디어도 잃어버리고 있다. 차, 포에 이어 상, 마까지 떼고 진보 진영과 장기를 두는 격이다. 그래서 오늘 보수 세력은 전하고 싶은 메시지를 전할 수 없는 존재가 되어버렸다.

'아'라고 했더니 '어'라고 듣는다는 메시지 왜곡 현상이 보수에게 일어나고 있다. 그 정도면 그나마 다행이다. 잘못한 진보 여당에게 바른 말을 해도 욕이라고 해석하는 일도 부지기수다. '보수 의원, 너부터 잘해'란 반응이 돌아오기 일쑤다. 보수 혐오가 뿌리 깊기 때문이다. 보수 혐오가 퍼지면서 어느 순간부터 보수를 대표하는 목소리가 없어졌다.

요즘 유행하는 말로 스피커가 사라졌다. 물론 보수 세력을 대변하던 전통적인 보수 논객은 여전하다. 유튜버 열풍이 만들어놓은 신진 보수 논객들도 즐비하다. 그런데 이들은 8/2의 사회, 진보 80/보수 20의 세계에서 소규모로 줄어든 보수 지지층 속에 갇혀 있다. 게다가 보수의 메시지는 갇히고 있다.

보는 이들만 보고 듣는 이들만 듣는다. 보수 유튜버의 주장은 전통적 미디어로의 진입이 차단당하고 있다. 그들의 옳은 주장은 차단되고 문제점만 전통 미디어에 오르게 된다. 보수 편에 섰기 때문에 생기는 일이다. 보수가 진보 논객 진중권 전 교수를 초청해 내일의 길을 묻는 이유에 대한 누구나 아는 이야기다. 진 전 교수를 통하면 메시지가 전달이 된다. 진 전 교수가 이 자리에 초빙

보수의 몰락

된 것은 '전달력, 대중 호소력' 때문일 것이다. 수많은 보수 논객들이 있어도 스피커로 진 전 교수를 초빙할 수밖에 없는 이유다. 보수 세력은 메시지 전달력이 지지층 안을 맴돌고 있다. 핵심 지지층에게는 전달력이 강할지 모르나 안타깝게도 보수를 외면하는 진영이 상당하다. 보수 논객의 이야기는 그들에게 닿지 않는다.

보수 혐오를 어떻게 넘어야 할 것인지에 대해 보수 진영 전체가 고민해야 하는 순간이다. 보수가 겪는 이 현상은 두 가지가 복합돼서 일어난 일이다. '전달력 상실'과 '메시지 빈곤' 현상이 함께 생긴 것이다. 보수 혐오 현상 하에서 형성된 거대 정치 집단으로 성장한 No보수 현상과도 상당한 연관성이 있다. 기존의 보수 논객이라면 무조건 싫어서 옳은 이야기를 해도 듣지 않고, 더욱이 진보를 비판하는 부류의 이야기라면 귓바퀴로도 듣지 않는 시국이다. 같은 이야기를 해도 진보 인사가 이야기를 하면 많은 사람들이 인정을 하고 귀를 기울이는데 보수 논객이 같은 말을 하면 영향력이 없는 것이다.

과거 전통 미디어가 강력할 때는 보수 논객의 주장도 상당한 영향력을 가졌다. 방송이나 신문에 편집되어 나오는 주장을 강제로 'OFF'할 수는 없었다. 요즘 사람들이 정치 이슈를 소비하는 SNS나 유튜브는 관심사에 맞춰주는 폐쇄형 서비스가 기본이다. 내용과 상관없이 보수 정치 콘텐츠라면 곧바로 '관심 없음' 버튼을 설정하는 것이 2020년이다. '신고' 버튼으로 가지 않는 것을 감사해야 한다는 의견도 있다.

확증 편향이 더욱 강해지는 시대다. 한국의 주도 세력으로 군림하던 보수가 이제는 대중에게 전달력이 떨어져 논객까지 외부 수혈을 해야 할 판이다. 진보 논객이 없으면 메시지조차 전달되지 않는 '진중권 아이러니'라 부를 만한 일이다.

한국 사회의 지형은 보수에게 너무나 척박해지고 있다. 차가워지는 민심의 벽은 더욱 높아지고 있다. 보수가 과연 이런 현상을 어느 정도 심각하게 느끼고 있는지는 의문이다. 작은 스피커마저 꺼진 나의 처지와 수백 개의 스피커가 웅장하게 울리는 상대방의 상황을 보고 왜 그런 일이 일어나게 됐는지를 곱씹어야 한다. 그렇지 않으면 보수는 '메시지'마저 차단되는 불평등의 세계를 맞이하게 될 것이다.

04.

B급 나꼼수, 보수 유튜버

- 평행세계론

선거에서 졌다. 막말 파동으로 선거 패배의 책임론이 불거진 '○○○' 방송의 진행자를 찾아가서 물었다.

질문: 선거에서는 졌다. 야권 참패에 대한 책임론도 제기되고 있다. "우리가 책임론에 대해 그동안 입을 열지 않고 있었던 것은 우리가 어떤 이야기를 하더라도 변명으로 비치기만 할 거라는 판단 때문이었다. 진보와 보수를 막론하고 '막말' 때문에 야권 의석 15석이 날아갔다는 주장을 내놓는데 그게 명확한 근거를 갖고 이야기한 게 아니라 그냥 인상비평 수준이었다."[108]

---

108 김어준 "나꼼수 탓은 진보-보수 국공합작", 한겨레(2012. 4. 27)
  http://www.hani.co.kr/arti/society/media/530311.html#csidx9a7c40e5720cbd898b752627bbc30d7

보수 유튜버 채널을 열심히 보는 독자가 있다면, 각자 떠오르는 논객들이 있을 것이다. 2020년 총선이 끝나고 보수 야당의 지도부들은 물론 정치 평론가들은 약속이나 한 듯 보수 유튜버들에 대한 비판의 수위를 올렸다. 마치 보수 유튜버들에게 선거 패배의 원인이 있다는 듯이 말이다.

위의 글의 '○○○'의 진행자는 B급 언론인을 표방하며 대한민국의 언론계를 주름 잡는 방송인 대표적인 진보 논객 김어준 씨다. 8년 전 이맘때로 돌아가면 오늘날 '방통령'에 버금가는 김 씨에게도 비판이 쏟아지는 나꼼수 멤버들이 '멘붕'(멘탈붕괴)이 들 정도로 힘든 시기였다. 8년 전 2012년 4월 총선에서 진보 진영은 선거에서 패배했다. 공천 파동도 있었고 믿을 것은 나꼼수 열풍이었지만 '김용민 막말 논란'이 불거지면서 선거 판세는 기울었다. 선거 과정에서 '나꼼수'는 진보 정당을 구할 구세주처럼 진보 정치인들에게 칭송을 받았지만 선거 패배 이후에는 혹독한 비판에 시달렸다. 2012년 총선에서 패배한 진보 야당의 지도부가 나꼼수를 질타한 것과 2020년 총선에서 참패한 보수 야당이 유튜버들을 비난하는 것이 너무나 닮은꼴이다.

B급 나꼼수와 보수 유튜버의
평행세계론

2020년 보수 야당의 기류는 2012년

의 진보 야당의 기류와 너무나 흡사하다. 선거에 진 정당은 책임을 회피할 희생양 찾기에 능숙한지도 모른다. 수준도 비슷하다.

> "극우 유튜버들은 조회수를 올려서 돈을 벌어먹기 위해 자극적인 말을 쏟아냈다. 지금까지 참았는데 이제는 보수 유튜버랑 싸우려 한다"고 했다.[109]

2012년 총선과 2012년 대선에서 진보 야당이 패배하자 김어준 씨는 어떻게 되었을까? 아래 기사 중간 제목이 모든 것을 이야기한다.

> 딴지일보 총수 김어준, 청취자와 작별하고 어딘가로 떠나…[110]

이 기사의 제목은 '굿바이 나꼼수…'였다. 이제 전면에 나서지 말라는 의도가 있었다고 보면 편집자의 의도를 왜곡하는 것이라고 보는가. 그때 이후 김어준 씨와 그 지인들이 방송계를 영원히 떠났고, 오늘 진보 진영에 김 씨가 없다면 진보 진영은 지금 같은 막

---

109 강경 보수와 결별해야… 통합당 내 커지는 '자성론', 뉴스1(2020. 5. 19)
　　　https://www.news1.kr/articles/?3938795

110 굿바이 나꼼수… 최필립은 아직도 굿바이 선언 안 해, 한겨레(2012. 12. 28)
　　　http://www.hani.co.kr/arti/society/society_general/567495.html

강한 팬덤을 이어갈 수 있을까. 김 씨의 현재의 위상을 생각하면 김 씨가 사면초가에 몰린 듯한 2012년 말은 지금의 진보에게는 아찔한 순간으로 기억될지 모른다.

김어준 씨가 없었다면 진보 진영에 터지는 온갖 험한 일을 걸쭉한 입담과 B급 음모론으로 누가 막아서겠는가. 그럼에도 2012년 진보 정치인들은 김어준과 나꼼수 뼈 때리기에 여념이 없었다. 선거 패배의 원인이 마치 나꼼수 탓인 것마냥 말이다. 산이 깊으면 골이 깊다. 보수 진영도 2012년 총선에 이어 대선에 패배한 진보 야당의 꽉 막힌 모습을 그대로 되풀이하고 있다. 물을 엎지른 책임은 본인에게 있는데 손가락을 들어 옆 사람을 가리키는 격이다.

"유튜버들과 손을 잡아서 표가 떨어졌다"는 분석이 수면 위로 떠오르면서다. 3선의 한 통합당 의원은 중앙일보와의 통화에서 "결집 효과는 있을지 몰라도, 유튜버들의 목소리가 과잉 대표돼 중도층이 등을 돌렸다"고 지적했다.[111]

한국의 보수가 향후 진보와의 유권자 대결에서 생존하려면 자발적인 미디어 팬덤(fandom)이 필수적이다. 진보 진영은 '김어준'으로 대표되는 나꼼수 멤버들이 진보 미디어 팬덤의 핵심적 인적 네

---

111 보수 유튜버 모시더니 이젠 "썩은 놈들"… 통합당의 변심 왜, 중앙일보(2020. 5. 13)
    https://news.joins.com/article/23776050

트워크라는 점을 깨닫고 있다. 나꼼수 기획자인 탁현민 씨가 모든 정치판이 대선 모드로 전환중인 이 시점에서 다시 문재인 대통령 옆으로 향하는 것도 현 정부가 미디어계 인사들의 중요성을 백분 이해하고 있는 것으로 볼 수 있다. 2020년 선거에서 패배한 보수 진영의 정치인들이 아직까지 인정하지 못하는 정치 미디어 팬덤의 중요도를 정권을 잡은 진보 진영은 너무나 잘 알고 있는 것이다. '메신저 없는 스피치는 없다.'

패배의 원인을 조금이라도 외부에서 찾으려는 경직성, '뺄셈과 마이너스의 정치'가 8년 전에는 진보가 처한 현실이었다면 오늘날에는 보수의 발전을 가로막는 큰 문제 중에 하나이다. 보수 정치인의 말처럼 보수 유튜버의 사상적 지향이나 주장이 문제가 있다면 직접 찾아가 그들과 허심탄회한 이야기를 나누는 것이 먼저이다. 보수 유튜버와 보수 정치인이 사상과 이념에서 멀고 먼다고 해도 진보 진영 유튜버보다는 가까운 거리일 것이다. 설득하고 이해시킬 수 없다면 보수 정치인이 양보해야 한다. 보수 진영의 한 지류인 강경 보수들을 설득하지 못하는 보수 정치인이 어떻게 큰 정치를 논할 수 있을 것인가.

정작 싸워야 할 대상은 보수 유튜버들이 아니라 자기 자신의 경직성과 설득력 부족일 것이다. 보수 정당의 정치인들이 우려하는 것이 무엇인지 알고 있다. 특히 초선이나 젊은 정치인들은 강경 일변도의 보수 유튜버들이 부담스러울 것이다. 제도권 정치인들은 너무 많은 주도권이 신진 세력에게로 넘어가는 상황이 마뜩하지 않을 것이다. 보수는 연합하는 세력이 아니기에 외부 세력과의 연대라는 생소한 개념을 갑자기 보수 정치 영역에 끌어들이기도 쉽지는 않을 것이다.

> 보수 유튜브는 '신의한수'가 대표적이다. 13일 기준 국내 정치 유튜브 채널 중 가장 많은 구독자(123만 명)를 거느리고 있다. 누적 조회수는 8억 회를 넘었다. 진성호 전 한나라당(통합당의 전신) 의원이 운영하는 '진성호TV'(86만 명), 정규재 전 한국경제 주필이 대표로 있는 '펜앤드마이크TV'(65만 명), 강용석 변호사와 김세의 전 MBC 기자를 앞세운 '가로세로연구소'(58만 명)…[112]

보수 유튜버가 던지는 강력한 프레임이 담긴 주장이 인지도가 약한 제도권 보수 정치인들에게 상당한 위협이 될 수 있다는 점은 이해할 수 있다. 실제 보수 유튜버 가운데 일부의 주장이 보수 혐오를 자극하기도 한다. 이를 그대로 따르다가 거대한 보수 혐오 여론에 휩싸여서 치명적인 타격을 입을 수도 있다.

그러나 330만 명의 '집토끼' 보수를 일차적으로 설득하지 못한다면 보수 세력은 혼신의 힘을 다해도 다음 선거에서 정치 세력으

---

112 보수 유튜버 모시더니 이젠 "썩은 놈들"… 통합당의 변심 왜, 중앙일보(2020.5.13)
https://news.joins.com/article/23776050

로서 종지부를 찍을지 모른다. 나꼼수 출신들의 급진적 주장은 얼마나 많은가. 진보는 그들을 왜 포용하는가. 미국 보수주의 이야기에 유명한 일화가 있다. 미국의 보수 진영이 서로 갈등하고 민주 진영보다 보수 진영 간의 미움이 더 커서 작은 이슈에도 서로 분열할 당시 각각의 보수 계파들이 보여서 끝장토론을 통해서 보수의 미래를 하나로 만들었다는 이야기다. 그런 경험이 오늘날 미국 보수에게 생명력을 불어넣었다는 이야기를 하는 전문가들이 많다.

2012년 총선과 대선의 패배로 잠시 사라진 나꼼수와 그들, 그들을 끝까지 옆에 둔 진보의 정치 세력은 탄핵이라는 국면을 통해 자력으로 거듭해서 실패하던 진보 시즌2를 열었다. 2012년 당시 나꼼수가 전적으로 옳았던 것은 아니었다. 그들의 언어가 세련되고 강경하지 않았던 것도 아니다. 진보의 정치인은 나꼼수에서 정치 팬덤을 발견하고 그들을 진보 진영의 테두리 안으로 녹여냈다. 나꼼수 멤버로 입에 담기 힘든 막말로 논란에 휩싸였던 김용민 씨는 KBS에서 진행을 맡고 있다. 방송의 방향이 진보 편일지라도 과거와 같은 막말 설화는 일으키지 않고 있다. 진보거나 보수거나 막말과 험한 말은 본류에서 외면 받을 때 나오는 법인 것이다.

2020년 총선까지 연거푸 전국단위 선거 패배를 한 보수 야당 정치인들은 쉽게 보수 유튜버들과의 결별을 말해서는 안 된다. 선거 패배는 정치인의 책임이다. 유튜버에 휘둘렸다는 자기 고백은 스스로의 얼굴에 침을 뱉는 일과 같다. 보수 유튜버가 민심을 왜곡

할 정도로 힘을 가졌다면 더욱 그들을 제도권으로 끌어들여야 하는 것이 옳은 정치적 판단이 아니겠는가. 보수 유튜버는 급속도로 성장하는 미디어 팬덤이다. 누군가의 비판처럼 유튜버는 구독자로 돈을 버는 만큼 치열한 경쟁이 이뤄지는 구조이다. 2020년 총선 국면의 보수 유튜버의 모습과 2년 뒤 대통령 선거에서의 모습은 상당히 다를 것이다. 보수 유튜버에게는 두 가지의 미래가 그려진다. 진보 여당과 보수 야당으로부터 철저한 외면을 받기에 자신의 주장을 더욱 선명히 내세우고 이념적으로 극단화되고 이로 인해 지지층이 얇아져 고립돼 소수의 하류 정치평론으로 추락하는 경우를 예측해볼 수 있다. 그런다고 해서 그들을 진보라고 보는 유튜버 시청자는 없을 것이다. 어차피 그들은 보수 우호 세력으로 인식되게 마련이다.

오늘날 우리가 보는 것이 바로 보수의 편협함이다. 한 문화에는 여러 문화가 공존하고 있다. 제도권 보수 정치의 하위 문화로 유튜버들을 흡수해야 한다. 이런 선순환이 일어난다면 그릴 수 있는 미래는 사뭇 다르다. 보수 야당의 제도적 보호와 넓은 울타리 속에서 보수의 깃발 아래 함께 모인 여러 보수의 계파들과 다양한 토론과 교류를 거치며 긍정적인 정치 세력으로 발전해, 보수의 한 축을 이루는 단단한 미디어 팬덤 문화로 자리 잡는 미래를 그려볼 수 있다. 현재 보수 유튜브 가운데 유력한 채널은 50개 정도다. 이 50개의 채널이 제대로 성장한다면 보수는 물론 시민사회도 새로운 문화 공간을 디지털 세계에 얻게 될 것이다. 강경한 보수 유튜버에 대한 걱정 목소리가 크지만 2012년 나꼼수 문화에 대한 진보 내의 비판도 상당했다. 나꼼수와 보수 유튜버의 공통점은 발전 모델을 가진 미디어 문화라는 점이다. 시민들과 끊임없는 교류를 통해 미디어의 주체들도 시대의 흐름에 민감하게 반응하고 재빨리 진화한다. 보수가 유튜버를 놓친다면 멀지 않은 미래에 보수의 목소리를 대변하는 팬덤 문화는 고사되고 말 것이다.

보수가 유튜버에게 제공해줘야 하는 것은 거부와 비난이 아니다. 보수 유튜버에게 현실 정치의 이야기를 더욱 자세히 전해주고 참여 공간을 제도권에 만들어줘서 그들의 정치 감각을 높여주는 것이다. 보수 유튜버가 누군가의 표현처럼 구석방에서 뇌피셜(腦 official, 인터넷상에서 객관적 근거 없이 자신의 생각만을 근거로 한 추측이나 주장을 이르는 말)로 소설을 쓴다면 그들에게 정치 참여의 기회를 더욱 열어주는 방식으로 해결해야 한다. 보수 유튜버들의 주장 속에는 제도권 보수 정치인들이 놓치는 민심의 날카로운 조각들이 들어 있다. 21대 총선에서 보수 유튜버에게 휘둘려서 선거에서 졌다고 생각하는 정치인은 깊이 생각해봐야 한다. 유튜버의 주장, 지금은 틀리고 내일은 옳을 수 있다.

05.

82 김지영, 90 박현민
없는 보수

보수의 외연이 줄어드는 명백한 징후가 있다. 일상생활 정치에서 반드시 가져야 할 정치적 호소력과 예민한 감수성이 사라지는 것이다. 보수는 잃어버려서는 안 될 많은 '삶의 영역'에서 자신이 설 자리를 잃어가고 있다. 보수의 정치 역량이 줄어들었다는 반증이다.

보수는 자신의 영역을 점점 잃어가고 있다. 사회 곳곳에 굵직한 현안이 터져도 이를 정치 이슈로 가공해서 새로운 의제로 도출하는 능력이 현저히 사라지고 있다. '82년생 김지영'으로 대변되는, 한국 사회가 직면한 중요한 사회 현상에서도 보수는 이를 새로운 정치적인 과제로 전환시키는 모습을 보이지 못했다. '82년생 김지영'이란 고도성장한 한국 사회가 가진 사회 계층의 문제, 빈부격차, 결혼과 출산과 육아로 이어지는 현대 여성의 삶이 한국 사회의 문제점 속에서 어떻게 무력화되는가에 대한 심층 보고서다. 한국 사회의 심층적 문제점이 한국의 여성을 통해서 표출되는 현상인 것이다. 여성의 문제이기도 하나, 남성의 문제이기도 하고, 우리 사회가 가진 한계와 고통에 대한 문제이기도 하다.

한국 사회의 여성이 출생에서 사망에 이르기까지 겪는 어려움에 대해 한국 사회는 어떤 대안을 마련할 것인가에 대해 정치 세력은 답을 가지고 있어야 한다. 이런 압축적인 상징에 대해 보수 정치가 정책적으로든, 정무적으로든, 대응하지 못한다면 보수는 앞으로도 시민의 지지를 받기 힘들 것이다. 여성은 누군가의 딸이고, 연인이고, 아내고, 어머니다. 이들을 위한 정치가 보수에 없다면 어떤 목소리로 그들에게 보수가 이야기할 수 있는가. 언제부턴가 보수에는 늘 빠져 있는 목소리가 있다. 여성의 목소리가 바로 그것이다.

오늘을 살아가는 여성이 사회의 편견과 틀이 만든 유리천장에 갇혀 제대로 인정받지 못할 때 그 사회의 모든 인간은 한계 지점에 부딪히고 말 것이다. 보수는 자유와 선택의 가치를 옹호하고 발전해나간다. 그 대상은 모든 인간이어야 한다. 보수의 가치가 공정하고 정의롭기 위해서 보수는 철학의 외연을 넓게 가꿔야 한다. 오늘날 살아가는 '82년 김지영'이 내일에는 웃을 수 있도록 하는 것, 그렇게 해서 행복한 김지영이 한국 사회에서 굳건한 세력이 되도록 노력을 할 필요가 있다. 여성 문제가 세상의 절반에 대한 이야기를 넘어 세상 전반에 대한 삶의 정치 문제로 등장했을 때 보수 정치는 한 단계 더 발전할 것이다. '82년 김지영'을 위해 보수는 새로운 삶의 철학을 만들어야 한다. '여성'이라는 이유로 힘들어하거나, 여성이기에 차별받지 않기 위해 더 나은 시민의 삶을 위해 보수 정당은 세심한 노력을 기울여야 한다. 보수는 여성 정책을 만드는 연구소를 만들고 이에 따라 정치인을 훈련시켜야 한다.

우리 사회에 필수적인 존재지만 보수 정치에서 사라진 이들이 또 있다. 젊은이, '90년 박현민'이다. 공무원 세대로 일컬어지는 젊은이들은 줄어드는 일자리와 치솟는 부동산과 각종 물가에 박탈감을 가지는 세대다. 문재인 정부가 가장 난감해 하는 세대가 바로 2030세대다. 'N포 세대(연애도, 결혼도, 직장도 포기하게 되는 젊은 층의 절망적 현실을 지칭하는 신조어)'에 대한 접근은 보수와 마찬가지로 진보 진영도 마땅한 해답을 내기가 어려워지고 있다. 청년 실업은 고도성장기가 끝난 한국은 물론 세계가 겪는 공통적인 현상이기도 하다. 산업과 경제 지형의 변화가 젊은이들을 변변한 일자리를 가질 수 없도록 비정규직과 열악한 플랫폼 노동자로 내몰고 있다.

젊은이는 힘든 삶을 이어가야 한다. 이로 인해 사회가 치러야 할 비용은 너무나 많아지고 있다. 저출산 문제에 따른 사회 동력의 감소와 과도한 사교육 열풍, 공시족(공무원 시험 준비생)으로 쏠림 현상에 따른 중소기업의 인재 공백 등 젊은 세대가 마주한 고통이 점점 커지고 있는데 보수와 진보, 기성정치인들은 이들을 위해 마땅한 정치적 토대를 마련하지 못하고 있다.

여성과 젊은이를 보수는 일으켜 세워야 한다. 여성과 젊은이에 대한 투자는 국가의 미래다. 청년이 서야 할 자리가 어디인가. 보수가 전 세대의 지지를 받는 정당으로 거듭나기 위해서는 사회적인 문제를 풀어내는 능력을 보여야 한다. 여성과 젊은이의 삶을 위한 정당. 그런 정당과 함께 하는 미래를 꿈꿀 수 있도록 보수는 본격적 대안을 만들어야 한다. 보수가 미래의 수권 정당으로 가는데 꼭 2가지만 택해야 한다면 바로 여성과 청년을 선택해야 할 것이다.

06.
보수는 미스터트롯?
골목식당?

        얼마 전 온 나라가 〈미스터트롯〉으로 뜨겁게 달아올랐다. 〈미스터트롯〉은 코로나 정국에 힘겨운 시민을 위로하는 진정한 힐링 프로그램이었다. 시민들은 〈미스터트롯〉을 보며 한시름 놓고 마음껏 울고 웃을 수 있었다. 그로 인해 〈미스터트롯〉은 10대 청소년부터 80대 할머니까지 열광하면서 역대급 시청률의 신화를 거두었던 것이다.

  전통가요 트로트에는 시대의 우울함을 달래줬던 노랫가락에 살맛나는 세상이라는 희망의 메시지가 들어 있었다. 주부와 어머니들은 저마다 이구동성으로 "세상 사는 재미가 없었는데 〈미스터트롯〉을 보면서 우울한 마음이 없어졌다"고 말했다. 진보 정치인이든 보수 정치인이든 정치인은 서민의 우울함을 달래주지 못했지만, 〈미스터트롯〉은 그들의 울적함을 달래주는 친구이자 위로가 되어주었다.

TV조선의 〈미스터트롯〉이 없었다면 트로트가 다시 부활할 수 있었을까. 오랜 시간 트로트만을 사랑해온 출연진들은 어떻게 생활고를 벗어날 수 있었을까. 많은 이들이 〈미스터트롯〉에게 감사해야 한다. 90년대 이후 억지로라도 살리려 해도 실패하고, 명맥만 간신히 이어온 트로트가 다시 시민의 뜨거운 사랑을 받으며 시민 품으로 돌아올 수 있었기 때문이다.

〈미스터트롯〉 기획자는 성공 비결로 무엇보다 참가자들의 '한계를 넘는 열정'을 꼽았다. 그 에너지가 프로그램을 달궜고 한 곡, 한 곡이 명곡으로 되살아나 시청자들의 눈과 귀, 마음을 사로잡았다고 한다. 평범한 이들이 만들어내는 놀라운 스토리. 누구라도 이런 감동 스토리에 박수를 친다. 〈미스터트롯〉의 진정한 승리는 화려한 조명이나 무대가 아니었다. 출연자들의 트로트에 대한 오랜 열정이 이제야 그들을 위한 제대로 된 '무대'를 만났던 것일 뿐이다. 〈미스터트롯〉의 성공 이후 여러 방송사에서 트로트 프로들이 우후죽순 생기고 있다. 이렇게 시민의 사랑을 받는 음악이 왜 30년 넘게 비주류에 머물러 있었던가.

한국의 수많은 기획자들이 트로트를 놓치고 있었다는 점은 일상의 익숙함을 넘어서서 민심의 진정한 니즈(needs)를 여는 것이 얼마나 어려운 과정이라는 것을 알게 해준다. 민심을 얻는 성공은 멀리 있지 않지만 그 과정은 이토록 까다롭기 그지없다.

〈미스터트롯〉의 성공을 보면서 보수 정당 정치인들도 느낀 점이 많은 듯하다. 가요계에서 겨우 명맥을 유지해온 트로트가 다시 되살아나는 것을 보고, 보수 정당을 살리는 데 벤치마킹을 하고 있다는 이야기가 심심치 않게 들린다. 주호영 통합당 의원은 〈미스터트롯〉 방식을 대선 후보 경선 등에 도입할 것이라고까지 밝혔다.[113] 시민들에게 자신들의 역량을 한껏 드러낼 수 있는 참여의 장을 만들어 검증받겠다는 취지다.

〈미스터트롯〉의 성공은 기획의 성공이기도 하다. 출연자의 능력을 최대로 이끌어내 시청자 앞에 펼쳐놓을 수 있게 하는 이가 바로 기획자다. 잊혀진 콘텐츠인 트로트를 살리기 위해 좋은 노래를 찾고 선의 경쟁 구도를 만들어 시청자들의 몰입감을 더하는 것은 보수 정당이 앞으로 가야 할 길과 유사해 보인다. 보수 정치에서 기획자는 보수 정당이 될 것이다. 〈미스터트롯〉이 나라를 뒤흔들며 흥행했듯이 보수 정치인이 시민의 열화와 같은 사랑을 받게 되려면 향후 선거 전략을 총괄 지휘할 보수 정당의 역할이 중요하다. 열정 있는 출연자와 유능한 기획자, 그리고 다시금 사랑해줄 시민, 이 3박자가 보수 정당에 필요하다.

백종원 대표가 출연하는 〈골목식당〉도 정치권이 주목해야 할 프로그램이다. 〈골목식당〉은 우리 사회 자영업자들의 애환이 녹

---

113 주호영 "미스터트롯 방식으로 대권후보 선출", 한국경제(2020. 5. 8)
    https://www.hankyung.com/politics/article/2020050871557

아든 골목 상권으로 가서 상인과 손님 모두 행복할 수 있는 구체적인 해결책(솔루션)을 제공하는 프로그램이다. 이 프로그램에서 특히 백 대표가 솔루션을 전하는 장면을 눈여겨볼 필요가 있다. 오랜 세월 잘못된 자신만의 습관을 고치지 못하는 상인과 새로운 대안을 제시하려는 백 대표가 서로 갈등하는 장면은 오늘의 보수가 시민을 만났을 때 받는 의심과 불신, 혐오와도 비슷하다. 그럼에도 이 프로그램의 백미는 온갖 난관에도 성심성의껏 자신의 솔루션을 골목 상인에게 전하려는 백 대표의 모습이다. 많은 시청자가 백 대표의 그 모습에서 진정성을 느낀다. 백 대표는 서민을 위해 '확실한 대안'을 내세우고 그들의 힘든 마음과 현실도 함께 어루만져준다. 그래서 시민은 백 대표를 사랑한다.

오늘날 시민에게 필요한 것은 〈미스터트롯〉과 〈골목식당〉에 다 들어 있다. 한국의 보수는 예능 프로그램부터 열심히 봐야 하는지 모른다.

07.
기본소득과 보수 혐오

　　　　　　　　　　미래통합당 김종인 비대위원장이 던진 '기본소득 논의'가 보수의 멈춰선 정당 기능을 되살리고 있다.[114] 보수가 정책 주도권을 잡을 신호탄이 될지 모른다. 전 국민을 상대로 현금을 지원하는 새로운 국가 복지 제도는 아직은 진보 진영에서도 도입을 확답하기는 어려운 제도임에는 틀림없다. 기본소득제가 전 세계 어느 나라에서도 시행된 적이 없다는 점에서도 볼 때이 제도는 상당한 수준의 난제임이 분명하다.

　그럼에도 기본소득 논쟁이 보수에게 꼭 필요한 이유가 있다. 탄핵 국면 이후 보수 정당의 정책 기능이 멈춰 섰다는 평가가 대부분이다. 시민이 공감할 새로운 정치 이슈를 제시하는데 실패해왔다

114　김종인 파격 카드는 '기본소득'?… 보수 野 전향적 기류 주목, 뉴시스(2020. 5. 30)
　　　https://newsis.com/view/?id=NISX20200529_0001042200&cID=10301&pID=10300

는 지적이 다수인 것이다. 보수 집권 9년, 한국 사회에는 많은 새로운 이슈가 지나갔지만 보수가 이슈를 선점하지 못했던 것은 분명하다. 새로운 이슈에 대응하지 못한 정치 정당은 무능하다는 낙인이 찍혔다. 이런 가운데 제기된 기본소득 논쟁으로 보수의 '뇌'가 활발히 움직이고 있다는 것은 부인할 수 없는 사실이다. 그 자체로도 기본소득 논쟁은 상당한 의미가 있다. 보수 진영의 재활훈련에 큰 밑바탕이 되는 정책인 것이다. 보수 정당의 선제적 움직임에 진보 진영의 반응도 예사롭지 않았다.

> 기본소득에서 2012년 박근혜 기초연금의 데자뷔가 재연되고 있다. 당시 민주당에서 노인 기초연금을 구상했지만 포퓰리즘이라는 비난으로 망설이는 사이 박근혜 후보에게 선수를 뺏겼다.[115]

이재명 경기지사의 반격은 매섭기 그지없다. 이 지사는 행간까지 넣어서 메시지를 던지고 있다. "박근혜 대통령은 무능했다"는 메시지와 함께 "박 대통령이 취임 이후 대선 공약인 복지 공약을 후퇴시켰다"는 논란이 있었다는 사실도 2020년에 함께 소환했다. 이 지사의 페이스북 글은 현재까지 보수 정당 내의 기본소득제 도입에 대한 그 어떤 반발보다 한결 매서운 공격이다.

---

115 이재명 "통합당 기본소득, 박근혜 기초연금 데자뷔", 국민일보(2020. 6. 7)
    http://news.kmib.co.kr/article/view.asp?arcid=0014661758&code=611211111&cp=nv

보수가 주장하는 기본소득제가 '무능하고 지켜지지 않는 공약'이 될 것이라는 보이지 않는 '유리천장'을 씌운 것이다. 이 지사는 탁월한 여론몰이형 정치인이다. 코로나 정국에서도 이 지사의 코로나 대응 메시지는 진보 진영이 재난 시국에도 강력한 정국 운영 능력을 갖추고 있다는 이미지를 시민에게 만들어냈다. 대구가 코로나19 사태로 패닉 상황에 빠진 것과 상대적으로 비교가 되면서 시민은 진보 진영이 재난 대처 능력, 기관 운영 능력이 보수보다 상대적으로 뛰어난 정치 집단이라는 강력한 인상을 받았다.

김종인 비대위는 여러 종류의 적과 싸워야 한다. 외부의 적은 보수가 강력한 정책 기능을 되살리는 것을 막아설 것이다. 보수 혐오의 정서를 잘 아는 진보 정치인이라면 보수가 막강한 정책 능력을 가지고 있다는 점을 잘 알고 있다. 그래서 보수판 기본소득제의 문제점과 보수가 과연 실현할 의지가 있는지에 대한 의심을 시민에게 던질 것이다. 기본소득 논의는 보수 내부의 반발, 진보 진영의 공격, 기본소득 자체가 가진 난해함이라는 3중고를 보수 정당에 안겨줄 것이다.

기본소득제가 의미가 있는 점은 '묻지 마' 보수 혐오 현상을 뛰어넘을 수 있는 정책이라는 것이다. 강력한 정책은 대중의 인식을 바꿀 수 있다. 적어도 정책 측면에서 보수가 진보 진영보다 한 발 앞서가는 상황에 설 수 있다. 기본소득이 보수가 주장한 저소득 계층에 계층 상승을 이끌어내는 사다리를 제공하는 획기적인 형식이 된다면 보수 정당의 근간에도 적지 않은 도움이 될 것이다. 보수의 기본소득 논의가 진행될수록 진보판 기본소득 논의도 강력해질 것이다. 진보 진영에서는 '전 국민 월 60만 원' 지급 주장도 내세우고 있다. 이 경우 정부의 재정은 360조 원이 필요하다.

> 기본소득과 관련되어 국민에게 적절한 수준의 현금을 지급하는 것이 중요한 과제입니다. (중략) 2020년 기준으로 정부에서 1인 가구가 살아가기 위해 52만 8천 원이 필요하다고 발표했습니다. 저희는 1인 가구가 최소한 이 금액보다는 많이 국가에서 지원받아야 된다고 생각해 60만 원을 제안했습니다.[116]

2020년 정부 예산은 512조 원인데 3분의 2에 달하는 막대한 재원이 들어가게 된다. 이를 유지하는 데는 막대한 세금이 필요하다.

> 문제는 엄청난 재원이다. 기본소득 도입에 드는 예산을 계산하는 것은 간단하다. 진보 쪽에서 기본소득제 도입을 주장하는 사람들이 가장 많이 얘기하는 월 30만원이라면 180조 원이 필요하다. 올해 정부 예산 512조 원의 35%이고, 보건복지부 전체 예산 82조 원

---

116 용혜인 "전 국민 기본소득, 성경 속 만나와 같은 거죠, 오마이뉴스(2020. 5. 26)
http://www.ohmynews.com/NWS_Web/View/at_pg.aspx?CNTN_CD=A0002644346&CMPT_CD=P0010&utm_source=naver&utm_medium=newsearch&utm_campaign=naver_news

의 2.2배 정도다.[117]

코로나 시대 이후 정부의 현금 지원에 대한 시민의 호감이 상당히 형성된 상황에서 기본소득제는 21대 국회에서는 물론 앞으로의 선거 때마다 중요한 쟁점이 될 것이다. 보수는 시민에게 새로운 정책을 다룰 수 있는 충분한 능력을 보여줘야 한다. 세금 폭탄이 불가피할 것인데 이에 대한 면밀한 검토를 함께 진행해야 할 것이다. 국가적 재정 부담과 함께 새로운 제도가 가져올 청년층과 저소득층, 고령층의 삶의 변화도 정책 시뮬레이션을 통해 면밀히 따져봐야 할 것이다.

---

117 [복지4.0] "놀라지 말라"는 김종인의 기본소득안, 어떤 형태일까, 조선일보(2020. 5.29)
http://news.chosun.com/site/data/html_dir/2020/05/29/2020052902957.html

08

함구령과 진보 정치

정당이 작동하는 방식은 본질적으로 '프레임' 정치다. 진보는 '정의롭다'고 불리는 것을 추구한다. 강력하고 단단한 정의의 프레임 속으로 자신의 정치 세력을 넣기 위해 노력한다. 진보 정당을 감싸주는 단단하고 강력한 갑옷이다. 갑옷 아래에는 다른 얼굴이 숨어 있는 경우가 많다. 그래서 진보의 정의란 갑옷이 정치인 자신들을 위한, 운동권 자신들만의 권력으로 나타난다. 한국 사회의 주도권을 완벽하게 장악한 진보 뉴노멀의 시대에서 진보 정당이라는 권력의 민낯이 자주 드러날 것이다.

함구령 진보정당

4.15총선이 끝나자 더불어민주당은

조국 사태 때부터 공수처 도입 논란 때까지 일관되게 자신의 소신을 굽히지 않은 소장파 의원을 징계했다. 당론을 따르지 않고 기권을 했다는 이유로 말이다. 당내에서도 헌법과 정당 민주주의의 문제라는 비판이 공개적으로 이뤄졌다.

> "금(태섭) 전 의원 징계에 관한 건이 개인의 문제가 아니라 헌법상 대단히 중요한 문제이고 대의제 민주주의 하에서 정당 민주주의의 범위를 어디까지 허용할까에 대한 국가적으로 매우 중요한 문제라고 생각했기 때문"[118]

예상치 못한 징계를 당한 금 전 의원이 폭로한 진보 정당 분위기는 예상보다 심각한 상황으로 보인다. 조국 사태와 윤미향 의원 비리 의혹 사건에 대해서 당에서 의원들에게 함구령을 내렸다는 사실이 알려졌다. 진보 의원의 '침묵'은 당의 지시였다.

> "조국 사태, 윤미향 사태 등에 대해서 당 지도부는 함구령을 내리고 국회의원들은 국민들이 가장 관심 있는 문제에 대해서 한마디도 하지 않는다. 이게 과연 정상인가", "우리 정치는 정말 앞으로 나아가고 있는가"라고 했다.

118 김해영, 이해찬 면전서 소신발언 "금태섭 징계는 헌법 침해", 중앙일보(2020. 6. 5.)
https://news.joins.com/article/23794150

거대 진보 여당의 대표는 이를 일축했다.

이(해찬) 대표는 "일부에서 우리 당이 너무 지나치게 비민주적으로 운영되는 것 아니냐는 지적을 한 것 같은데 (대표로 선출된 지) 2년 다 돼 가고 있는데 단 한 번도 비민주적으로 당을 운영해본 적이 없다"고 했다.[119]

당이 징계 절차를 어겼다는 일부 언론의 문제 제기도 뒤따랐다. '정의롭고 공정하다'고 주장해온 진보 정당이 과연 정의로운가에 대한 문제가 불거지고 있다. 패권적인 모습이 진보 정당에도 어른 거리고 있다. 진보 정당은 권력집단이며 그 자체가 완벽하게 정의로운 집단은 아니지만 '진보 진영이 나쁘다'는 말은 보수 혐오가 너무 강력해진 이 시대에서는 쉽게 꺼내기 힘든 말이다.

대중은 한국 정치라는 단어가 떠오르면, 진보가 정의롭다고 생각하는 자동 연상 시대를 살고 있다. 진보 스스로가 비민주적인 모습을 보이는 지금, 보수가 이를 시민에게 알리는 방식은 먼 길을 돌아가는 방법에서부터 시작해야 한다.

보수가 보수 혐오를 극복하는 방법은 진보 여당의 본질적 모습에 대해 계속해서 주변에 이야기하고, 인터넷에 이야기하고, 유튜

119 '금태섭 징계' 與 지도부 충돌, 조선일보(2020. 6. 6)
    http://news.chosun.com/site/data/html_dir/2020/06/06/2020060600212.html

브에 이야기하고, 끊임없이 사실을 이야기해야 하는 것이다. 금태섭 전 의원의 징계 문제에 대해 보수 의원은 큰 관심이 없어 보인다. 민주주의의 근간에 대한 문제에 대해 보수 의원은 남의 집 불구경 하듯 하고 있다. 의회 민주주의에 대해 보수 진영이 감수성이 부족한 것이다. 진보 정당의 민낯을 일상에서 차근차근 시민에게 설득해나가야 한다. 보수는 큰 사건 외에도 진보의 권력 방식이 보이는 '오류'를 감수성을 가지고 지적해야 한다.

진보의 민낯이 없는 것이 아니다. 진보의 민낯을 보수 의원이 제대로 알리지 않고 있는 것이 크다. 보수는 진보 정당의 실상을 끈질기게 세상에 알려야 한다. "문재인 대통령이 잘못하고 있다"는 큰 이야기도 중요하지만 진보 정당이 국회에서 어떤 식으로 활동하고 있는지, 그 일이 사실은 어떤 의미를 지니는지, 이를 고민하고 보수 정당 안에 이를 연구하는 전문가 집단이 있어야 한다. 시민 사회에 있는 여러 단체와 협업이 필요한 부분이다.

칼럼 고발하는 진보 정당

진보 여당이 '비민주적'으로 운영된 적이 과연 없었을까. 4.15선거를 앞두고 진보 여당이 큰 충격을 받게 된 사건이 있었다. 보수 진영에서 그 사건에 대한 언급은 사라졌지만 그 사건은 진보 정당이 막강한 권력을 어떻게 쓰고 있고 쓸

수 있는가에 대해 적나라하게 보여준 사례였다. 바로 경향신문에 실린 '모 교수 칼럼 사건'이다. 언론사 칼럼 기고글 내용을 문제 삼아 필자인 교수를 선거법 위반으로 고발한 사실이 알려졌는데, 유례없는 일에 진보 여당에게 거센 비판 여론이 쏟아졌다. 진보 여당에 대한 여론은 아주 악화됐다. 급기야 이낙연 전 총리 등 여러 의원이 칼럼 고발 사태에 대해 사과를 했고 당은 고발을 취소했다. 진보 여당 의원이 당시 사태 때 쓴 글이다.

> "오만이다. 교만은 패망의 선봉이다. 민주당 이야기"라며 "어쩌다 이렇게 교수의 작은 핀잔도 못 견디고 듣기 싫어하는지 모르겠다. 부끄럽고 죄송하다"고 고개를 숙였다. 그는 "민심은 민주당을 자유한국당과 비교하지 않는다. 민주당에 온전하고 겸손하기를 원한다"면서 "이를 알아채지 못하는 민주당 지도부가 안타깝다. 더구나 스스로 검찰을 하늘로 만들고 있다"고 비판했다.[120]

진보가 가장 약해질 때가 진보가 진보답지 않은 모습을 보일 때라는 것을 진보 정치인은 알고 있다는 점을 알 수 있다. 자신의 약점은 자신이 가장 잘 아는 법이다. 보수 정당은 진보 정당의 사실을 있는 그대로 시민에게 꾸준히 계속 전달해야 한다. 오랜 시간이 걸

---

120 민주, 임미리 고발 취소 검토… 내부서도 비판 '봇물', 연합뉴스(2020. 2.14)
     https://www.yna.co.kr/view/AKR20200214032000001?input=1195m

릴 것이다. 꾸준한 대중 설득 작업만이 보수 혐오를 서서히 'No진보'로 전환시키는 첫걸음이다. 지름길은 없다.

Chapter 05

코로나,
새로운 시험대

—— 구원하심이 칼과 창에 있지 아니함을 알게 하리라.

01.
포스트 코로나
- 보수의 마지막 기회

중국에 이어 2020년 새해부터 한국을 덮친 코로나 사태는 보수 정치 세력에게 희망과 좌절을 동시에 안겨줬다. 코로나 사태 초기 문재인 정부와 정부 여당의 지지율은 떨어졌으나, 보수는 기회를 놓치고 코로나 국면을 야당의 승리로 만들어내지 못했다. 문 정부는 코로나 정국을 잘 버티면서 지지율이 다시 반등했다. 코로나 정국에서 정권심판론을 꺼내든 야당과 야당심판론으로 맞선 여당과의 싸움은 여당의 압승으로 끝났다. 집권 3년차를 맞은 문재인 대통령은 70% 지지율을 다시 돌파했다.[121]

역대 대통령 중에 그 누구도 87년 직선제 개헌 이후에 88년도부터

---

121 한국갤럽, 데일리오피니언 제400호, 재인용
   https://www.gallup.co.kr/gallupdb/reportContent.asp?seqNo=1106

계속해서 대통령 지지율이 측정됐는데 임기 3, 4년차에 70%의 지지율 아무도 없습니다.[122]

그러나 모든 것은 다시 '제로 베이스'다. 바로 전 세계를 뒤덮은 코로나는 승자와 패자 모두 똑같이 험난한 시대적 과제를 요구하고 있다. 거대한 충격은 새로운 시대를 요구한다. 승리를 거둔 진보이든, 참패한 보수이든 엄청난 도전을 겪어야 할 것이다. 정치는 사회, 민심 위에 떠 있는 작은 조각배일 뿐이다. 그 사회가 급변하고 있다.

이제 관건은 포스트 코로나 이후다. 팬데믹(전염병이 전 세계적으로 크게 유행하는 현상) 이후의 세상은 급격히 바뀔 것이다. 이미 세상, 세계가 급격히 변하고 있다. 과거에도 재난이나 대사건 이후에 한국 사회는 많이 바뀌어왔다. 그리고 정치 체제도 그에 맞춰 변동됐다. 유권자들이 바뀌니 당연히 정치가 요동을 쳤다.

한국 현대 정치사는 '재난 민주주의'다. '권위주의 대 민주화'라는 정치 구도가 급격히 바뀌게 된 노무현 시대의 탄생도 그 연원을 거슬러 가면 사회적 재난이었던 IMF 경제위기와 그 참혹한 여파에서 그 탄생이 예고되고 있었다. IMF 경제위기 이후 1997년 12월의 민심은 김대중 정부에게 권력을 이양했다. 오랜 시간 권위주의와

---

122 문 대통령 취임 3주년 연설… "세계 선도 대한민국으로", YTN(2020. 5. 10)
    https://www.ytn.co.kr/_ln/0101_202005101619401667

갈등해온 민주화 세력에 드디어 손을 들어준 것이다. 권력 이양이든 합종연횡이든 어떤 방식으로든 민심의 지지를 끌어오던 권위주의 시대가 사회적 재난이라는 거대한 괴물 앞에서 생명을 다한 것이다.

민심은 재난의 충격 속에서 자신들을 안전하고 풍족한 세계로 이끌어줄 새로운 세력을 갈망했다. 기업의 도산과 대량실업, 정리해고 등 중산층 이하 계층에게 사회적 재난이던 IMF 체제의 여파는 사회 질서와 풍경을 급격히 바꿨고 그런 변화의 고통은 정치권으로 이전돼 한국의 정치 세계를 새롭게 재편했다. 삼김(三金) 시대에서 노무현 시대로 넘어가는 과정이 바로 그 과정이다.

급변하는 사회는 필연적으로 새로운 정치 세력을 요구했다. 기존의 정치 세력이 새롭게 전환하는 것일 수도 있고 전혀 새로운 정치 세력이 등장하는 것일 수 있다. 386정치인이라는 정치 신인들이 주류 정치권으로 진출하게 된 것은 우연이 아닌 것이다. IMF 시대가 낳은 지연된 혼란으로 당시 주류가 아니던 노무현 후보는 한국 정치사의 최대 이변을 낳으며 대통령으로 당선됐다. 누구도 그가 대통령이 되리라는 사실을 선거 직전까지도 확신할 수 없었다. 새로운 정치 세력을 바라는 민심은 대통령 권력 교체에서도 멈추지 않았다. 86세대가 IMF 체제의 충격 속에 새롭게 만들어진 새로운 정당으로 합류하는데까지 이어졌다. IMF라는 재난은 민심을 바꿨고 한국 정치 지형도 급변했다.

포스트 IMF 시대 이후 한국의 민심은 언제나 '재난 민주주의'였다. 재난 민주주의란 정치, 경제, 사회적 재난에서 시민들이 안전할 수 있고, 안전할 수 있도록 최선의 노력을 하는 정치 체제다. 물론 민주주의라면 어떤 민주주의가 그렇지 않은 성격이 있겠냐만 한국 사회에서 유독 많다고 느껴지는 정치, 사회, 경제적 재난이 한국의 민주주의 특징을 강하게 만들어왔다. 노무현 시대가 성공적이지 못한 것도 IMF 체제가 만들어낸 민심의 요구에 노무현 정부가 부응하지 못했기 때문이다.

노무현식 정치가 보여준 정치적 혼란은 민심이 바라는 방향이 아니었다. 대통령 탄핵과 여당의 분열 등 거듭된 국정 혼란을 겪으면서 민심은 노 정부의 한계를 체감했다. 노무현 정부와 여당을 보며 갈수록 민심은 차갑게 식었다. 스스로를 지킬 능력이 없는 정부와 정치 세력 옆을 시민이 지켜주기는 어려웠다. 새 정치세력은 무능하고 이념에만 몰입하는 정치 세력이란 판정받았다. 노무현 시대의 실패의 요인이 보수 정치와 진보 정치의 극한 대립이든, 새 정치 세력의 '아마추어'적인 정국운영 탓이든, 혹은 민심을 앞선 정치이든, 이런 실패는 민심의 이반을 불러왔다. '재난 민주주의'에 대한 유권자들의 기준은 확실했다.

민주주의 정부는 그 국민보다 강력하거나 강한 정신을 가질 수 없다. 임무도 국민에게 맡겨지듯이 그렇게 틀림없이 맡아 내지 못한

보수의 몰락

다. 그 정부는 국민보다 더 현명해져도 안 된다.

아들레이 유잉 스티븐슨[123]

보다 유능한 정치 세력을 찾아 나선 민심은 실용과 경제성장을 꺼내든 이명박 정부를 선택했다. 이명박 정부가 집권 초기부터 퇴행하자 민심은 정부의 뒤떨어진 시대인식에 맞서 성난 민주주의 힘을 보여준다. '미국산 쇠고기 수입 논란'으로 국민의 안전을 백안시한다는 짙은 혐의를 받은 이명박 정부는 집권 초기 곧바로 광장을 뒤덮은 인파에 의해 정권 몰락의 단두대까지 올라섰다가 가까스로 내려오기도 한다. 뒤돌아보면 민심은 이렇게 외쳤다. "재난을 막아도 모자랄 판에 MB 정부는 스스로 앞장서 재난(광우병)을 불러들이려 하고 있다. 국민의 눈높이에 참으로 부족한 정부다. 어느 나라 정부냐!" 이명박 정부의 지지율이 겨우 회복된 건 2008년 글로벌 경제위기에 대한 MB 정부의 대응 이후였다는 점은 한국의 시민들이 요구하는 정치 체제의 요체가 무형의 위험으로부터 국민의 안전을 우선시하는 '재난 민주주의' 성격을 지니고 있다는 것을 다시금 확인하게 해준다.

'재난 민주주의'라는 관점에서 우리는 박근혜 정부가 비참한

---

123 Adlai Ewing Stevenson II(1900년~1965년)는 미국의 민주당 정치인으로 1952년 민주당 부통령 후보로 나서 미국 대통령 선거에서 공화당 후보인 드와이트 D. 아이젠하워에게 패한다. 이로써 20년의 민주당 대통령 시대가 끝이 난다.

몰락을 겪었는가에 대해 조금 더 민심의 지형을 깊이 있게 이해할 수 있다. 세월호 참사는 IMF 이후 한국 사회를 관통해온 '재난 민주주의'의 모든 감정선을 꿰뚫는 대참사였다. IMF 이후 경제 재난 속에 이뤄진 가족의 해체 풍조가 불러일으킨 가족 중심 주의와 미국산 쇠고기 논란 이후 더욱 확실해진 국민 생명권에 대한 직접적 요구, 그리고 끊이지 않는 대형사건 사고에 따른, 보다 안전하고 질 높은 사회를 위한 고민이 투영된 참사였다. 권위주의 그림자가 되살아난 박근혜 정부는 민심의 큰 흐름을 역행하는 최악의 대응으로 치달았고 박 정부는 민주주의가 정치 권력에 보여줄 수 있는 최고형인 대통령 탄핵을 선고 받았다. 한국의 민주주의 속성을 깊이 있게 이해하지 못한 정치 지도자의 불행한 결말이었다.

2020년 4월 총선에도 '박근혜, 이명박 전 대통령 구속에 대해 정부와 여당이 잘했다(70%)고 평가한 여론이 이어진다.[124] 정치 세력이 유지되는 것은 '시대정신'을 제대로 이해하고 정치 행위를 통해 사회에 이를 구현하는 세력에게만 해당할 것이다. 바로 민심을 알아듣고 실천하는 정치 집단이 생존을 할 것이다. 한국 정치 세력은 '재난 민주주의'에 집중해야 한다.

---

124 한국갤럽, 데일리오피니언 제397호(2020년 4월 3주), 재인용
     https://www.gallup.co.kr/gallupdb/reportContent.asp?seqNo=1099

포스트 코로나와 재난 민주주의

1997년 IMF 외환위기…

2014년 세월호 참사…

2020년 코로나 팬데믹…

팬데믹(pandemic), 감염병이 2개 대륙 이상으로 확산되어 전 세계
적으로 유행하는 가장 위중한 상황. 세계보건기구(WHO)는 감염병
의 위험도에 따라 감염병 경보단계를 1~6단계까지 나누는데, 팬
데믹은 최고 경고 등급인 6단계다. WHO가 1948년 설립된 이래
지금까지 팬데믹을 선언한 경우는 1968년 홍콩독감과 2009년 신
종플루, 2020년 코로나19 등 세 차례뿐이다.[125]

이 시각 현재(2020년 5월 27일) 전 세계 코로나19 확진자는 530만
3천 명, 사망자는 34만 명을 넘어섰습니다. 미국의 확진자가 164만
5천여 명으로 가장 많습니다.[126]

---

125 네이버 시사상식사전
    https://terms.naver.com/entry.nhn?docId=1689767&cid=43667&categoryId=43667

126 "남미가 새로운 진원지"… 전 세계 코로나19 확산 현황, YTN(2020. 5. 23)
    https://www.ytn.co.kr/_ln/0104_202005231158284468

코로나19는 전 세계에 격변을 몰고 왔다. 이제 그 여파는 더욱 커질 것이다. 베를린 장벽이 무너진 이후 공산권 국가의 개방으로 냉전시대가 막을 내리며 전 세계가 하나로 통합되던 거대한 세계 – 코스모폴리탄(Cosmopolitan)의 시대가 끝이 났다. 방역을 위해 국가 간의 이동이 제한되고, 주요 거점 도시가 문을 걸어 잠갔고, 발원지인 세계의 공장, 중국은 불이 꺼졌다. 관광지들은 폐쇄됐다.

팬데믹 하에서 인류는 전대미문의 상황에 직면했다. 국가는 더욱 막중한 책임을 지게 됐고, 각국의 특정 정치 세력은 국민의 안전과 지지층의 가치가 상충되는 상황에서 스스로의 정체성을 튜닝, 새롭게 조율하는 상황에 직면했다. 한국도 코로나19 사태를 맞아 초유의 상황으로 빨려 들어가고 있다. 도시는 멈춰서고, 일부 산업은 셧다운 상태로 빠졌다. 비대면 사업은 활황 국면으로 접어들었다. 새롭게 모든 것이 재편되고 있다.

일상이 크게 바뀔 것이다. 사람들은 보다 빨리 집으로 귀가할 것이고, 무엇보다 시민의 관심은 보다 안전한 곳을 찾는데 집중될 것이다. 자녀들이 안전하게 교육을 받는 것이 중요해지고, 안전한 곳에서 먹고 입고 다니는 것이 앞으로 포스트 코로나 시대의 요구일 것이다. 시민은 국가와 정치에 대해 새롭게 생각할 것이다. 그 수준은 더욱 높아질 것이다. 전 세계 미디어가 전해지는 세계 각국 정부의 코로나 대응을 보며 정부를 판단하고 정부의 부족함을 질타할 것이다. 시민은 국가와 정치 세력에게 강력하게 요구할 것

보수의 몰락

이다. 그 요구는 코로나 사태에 정부가 지원한 긴급재난지원금으로 대변되는 일시적인 현금 지원으로 끝나지 않을 것이다. 왜냐면 코로나는 장기화될 가능성이 높고, 코로나가 끝나면 새로운 팬데믹이 닥칠 가능성은 더욱 높아지고 있다. 그만큼 세계는 이미 세계적인 감염병에 취약한 상황이기 때문이다.

> 앞으로 더 많은 전염병이 창궐할 겁니다. 이제는 팬데믹이 올 때마다 1년 반 정도 록다운될 것을 예상해야 해요. 초기 단계에서 록다운을 해도 약 6개월 뒤에는 두 번째 파고가 찾아옵니다. 초반에 완전히 봉쇄하지 않으면 두 번째 파고는 훨씬 심각합니다. (증략) 우리는 경제를 새로 조직하고 사람들과 만나는 사회생활 그리고 통치 방식까지 재정립할 필요가 있습니다.
>
> 제레미 리프킨[127]

군이 유명 석학의 분석을 빌리지 않아도 한국 시민은 본능적으로 많은 것이 바뀔 것이라는 것을 직감하고 있다. 재난은 그 시대를 산 인류에게 죽음 외에도 많은 난관을 몰고 왔다. 정치도 새롭게 재정립되어야 한다. 팬데믹 앞에서 오늘 압승을 거둔 진보 정

---

127 [7인의 석학에게 미래를 묻다] ② 제레미 리프킨, 경향신문(2020. 5. 14)
     http://news.khan.co.kr/kh_news/khan_art_view.html?artid=202005140600005&code=960100#csidxb6faf8
     7d8874a80a075e993b96f08ea

치 세력과 보수 정치 세력이 동일한 선상에 선 셈이다. 기존의 득점은 모두 끝이 나는 완전히 새로운 시점에 우리는 서 있다. 그 시점이 정확히 언제인지, 이미 시작되었는지 아니면 조금은 늦게 올 것인지는 오늘이 지난 뒤에서야 확인할 수 있을 것이다.

진보 진영은 이미 포스트 코로나 시대 대응에 팔을 걷어붙인 것이 확실하다. 문재인 정부는 3주년을 맞아 한국판 뉴딜이라는 구상을 발표하며 포스트 코로나 시대에 대한 대응에 나섰다.[128] 정부 여당은 대책을 속속 마련할 것이다. 2020년 5월, 안타깝게도 아직 포스트 코로나 시대로 접어들지 못한 정치 집단이 바로 이번 선거에 참패한 보수 세력이다. 보수 세력은 여전히 과거 정치 문법에만 갇혀 있다. 보수 세력은 또 한 번 시대의 변화에 뒤쳐질 것인가. 코로나19는 보수가 새롭게 태어날 분기점이다. 보수 세력의 마지막 기회다.

---

128 문 대통령 "한국판 뉴딜 추진으로 산업 생태계 지킬 것", 한국경제(2020. 5. 21)
https://www.hankyung.com/politics/article/2020052116647

02.
팬데믹 정부와 정치 리셋
- 새로운 국가와 정당

모든 재난은 그 사회의 어두운 면을 드러내는 '현미경'이다. 코로나19가 장기화될수록 코로나19는 한국 사회의 아픈 단면을 여실히 드러낼 것이다. 코로나19 사태는 그 아픔을 치유하라고 한국 사회에 요구할 것이다. 한국 정치는 쉽지 않은 과제를 안게 될 것이다. 그 과제는 한국 사회가 그간에 쌓아온 한국의 문제점을 총망라하는 것일 수 있다.

❶ 팬데믹 복원력 Pandemic Resilience

국가, 정치 세력에 첫 번째로 요구되는 것은 감염병을 막는 방역 능력일 것이다. 코로나와 같은 재난적 질환이 발생했을 때 이를 대처하는 국가적 능력은 새롭게 부각되는 정치 세력의 능력일 것이다. 코로나 정국의 경험을 보면, 앞으로 지방정부나 도시의 지도자도 전문적 감염병 대처 능력과 함께 재난 극복 리더십을 가져야 한다. 비상 의료 체계를 어떤 식으로 운영할 것인가도 포스트 코로나 시대의 가장 기본적인 소양이 될 것이다. 앞으로 정치계에도 의학 전문가들이 대거 필요하게 되는 시대가 올 것이다.

중앙 정부와 지방 정부는 즉각적인 성적표를 받게 될 것이다. 집단 방역에 나선 한국과 자연 방역을 선택한 스웨덴 정부에 대한 성적표가 한 달 사이에 나오는 것에서 보듯 팬데믹 시대는 방역의 성공 유무로 즉각적인 심판을 받는 정치 문화를 만들 것이다. 코로나 국면에서 발 빠른 대응을 보인 이재명 경기지사의 인지도가 급격하게 상승한 사례는 앞으로 팬데믹 복원력이 정치에서 얼마나 중요한 요소가 될지를 보여주는 중요 사례이다.

정당도 마찬가지다. 팬데믹 복원력을 가진 정당은 언제든 시민의 전폭적인 지지를 받는 정치 세력으로 부상할 것이다. 경제와 노동과 환경, 인권 등이 중요 가치였던 정치 세계에 이제 보건(health care)으로 대변되는 감염병(재난) 대처 능력은 가장 중요한 가치로 자리 잡을 것이다. 의학과 보건, 방역 전문 지식으로 중무장한 메디컬크라트(medicalcrat)가 정당의 간판으로 떠올라 중요한 위상을 차지할 것이다. 적어도 기성 정치인들은 의료와 방역 전문가들과 밀접한 교류를 통해 방역 관련 전문 지식을 바탕으로 한 행정 능력을 보여야 향후 정치권에서 국민의 지지를 받는 인물이 될 것이다.

정당은 팬데믹 복원력을 정당 내부에 가지고 있어야 급변하는 팬데믹 정국에서 거대한 실책을 하지 않고 국민적 지지를 받게 될 것이다. 정당의 싱크탱크에는 국가의 질병관리본부와 같은 팬데믹 대응 전담 조직이 생겨야 한다. '재난 민주주의'의 강한 전통은 향후 재난, 질병 등에 대한 정치계의 전문적 대응과 조직을 요구한다.

❷ 팬데믹 정부 Pandemic Government

포스트 코로나 시대는 정부와 정치 세력에게 강력한 방역과 복지 정책을 요구하게 될 것이다. 필연적으로 국가, 정부라는 존재에 대해 전시 상황만큼 의존하게 되는 사회 현상이 생길 수도 있다. 권력이 국가로 많이 쏠리게 될 것이다.

> '정부의 중요성이 굉장히 크다'는 걸 느끼고 있다. 만약 국가나 정부가 없었다면 위기상황을 우리가 대처할 수 있었을까. 앞으로 국가의 기능과 역량, 중요성이 강화될 것 같다. 국가가 시민들의 일상생활에 좀 더 깊게 관여했고, 기술이 이를 가능하게 만들어줬다.
>
> 서용석 카이스트 교수[129]

　이는 자유에 익숙한 대중과 갈등을 유발할 수 있다. 안보의 개념이 국민 생명권까지 넓어진다는 소식은 개인의 자유에 대해 국가

---

129 늘 당신을 체크한다… '포스트 코로나' 강한 정부의 진격, 국민일보(2020. 4. 22)
　　　http://news.kmib.co.kr/article/view.asp?arcid=0014504055&code=61122211&cp=nv

가 얼마나 침해할 수 있는가에 대한 헌법적 문제로 귀결될 수 있다. 정부와 정치는 시민의 일상생활에 어느 정도까지 개입해야 하며 개입한다면 그 한계선은 어디까지인가. 이미 확진자 정보 공개와 추적용 전자 팔찌 착용 방침에서 이미 사생활 침해 논란이 일었다.

권위주의 정부에 민감한 한국 시민은 정부의 지나친 권력 남용에 대해 예의주시할 것이다. 방역 안보를 위해 시민들은 보다 투명하고, 보다 개인의 권리 침해 없는 방식을 요구하게 될 것이다. 관련 법안을 만들어 방역의 근거를 만들고 시민의 권리를 보호하는 법안을 만드는 것이 입법부의 역할이 되고 시민사회 단체 가운데 많은 단체가 이 문제에 천착하게 된다. 방역을 위한 당국의 권력과 시민의 자유의 경계에 대해 국내 정치 집단은 현명한 답을 마련해야 한다. 국가의 권력은 국내에서만 쓰여서는 안 된다. 강력한 국가는 코로나 사태 속에서 해외에 나간 국민의 안전을 확보하는 외교 역량도 갖춰야 한다.

> 모리셔스 격리 신혼부부: 출발할 당시만 해도 코로나 한국 확진자가 500명 가량으로 알고 있었고 그때만 해도 제2의, 제일 많은 나라가 일본이었는데 일본 사람은 격리돼 있다가 자기는 재팬에서 왔다고 하니까 통과시켜줬거든요. 메디컬 체크(건강 검진) 없이…[130]

---

130 엉망된 모리셔스 신혼여행… "유증상자 없었다", YTN(2020. 2. 26)
      https://www.ytn.co.kr/_ln/0101_202002262241103826

국가의 문호를 열어뒀던 나라들은 중세 시대의 성벽 도시처럼 폐쇄적인 국가로 회귀할 가능성이 높다. 과거 대한민국 여권을 가지고 있다면 자연스럽게 보호받던 우리 국민들이 세계 도처에서 예기치 못한 일로 발이 묶이고 피해를 볼 수 있다. 이는 비단 한국만의 일은 아니다. 코로나 사태 초기 일본은 자국의 연안 항구에 정박한 대형 크루즈 선을 사실상 바다 위에 강제 유배시켰다.

크루즈선에는 3700명의 승객이 있었고 승객의 국적도 미국, 영국, 캐나다, 호주 등으로 다양했다.[131] 팬데믹 상황에서 언제 어느 나라 어느 대륙에서 이런 상황이 벌어질지 알 수 없다. 정부의 역량이 더욱 필요하게 된다. 시민들은 어려움에 빠진 국민을 외면하는 국가에 대해 상당한 반감을 가질 것이다. 특정 지역에 감염병이 창궐하게 됐을 때 재외국민 보호와 안전한 철수를 위한 방안과 대책은 이번 사태 이후 정부와 정치 세력에 요구되는 필수 역량이다.

❸ 코로나 디바이드 Corona Divide

국제통화기금(IMF)이 과거 사례를 분석한 결과 전염병이 발생한 지 5년이 지난 후에 지니계수(계층 간 소득의 불균형 정도를 나타내는 지표)가 1.5% 가까이 상승했다. 사회과학 분야 미국 내 대표

---

131 日크루즈선 41명 추가 확진… 3700여 명 '선내 격리' 지속, TV조선(2020. 2. 7)
http://news.tvchosun.com/site/data/html_dir/2020/02/07/2020020790109.html

적인 싱크탱크인 브루킹스연구소는 하루 지출 규모가 1.9달러 이하인 세계 빈곤층 수가 올해 6억 9000만 명까지 증가할 것으로 전망했다. 지난해보다 4000만 명 늘어난 수준이며 당초 전망보다는 5000만 명 더 많다.[132]

코로나19가 전 세계적으로 던져놓은 화두는 경제 체계의 전면적 변화다. 불평등이 한계치에 달하고 있다는 점이다. 경제 패러다임을 바꾸는 과제가 각 국가의 핵심 과제로 떠올랐다.

코로나19는 빈부격차를 심화시킬 것이다. 실직하는 미혼모들은 매우 빠르게 실존적 불안감에 직면하고 있다. 많은 사람이 직장을 잃었고, 앞으로 잃을 것이다. 재취업은 해고하는 것보다 훨씬 더 오랜 시간이 걸릴 것이다.

존 나이스비트[133]

코로나는 부유층보다 가난한 사람들을 노렸다. 코로나는 소득 하위 10%에 위치한 가난한 이들의 어깨를 더욱 무겁게 짓눌렀다.

---

132 김용범 "코로나로 소득 불평등·빈부 격차 심화… '팬데믹 복원력' 갖춰야", 뉴시스(2020. 5. 21)
　　 https://newsis.com/view/?id=NISX20200521_0001032624&cID=10401&pID=10400
133 "블랙 스완이 던진 '리부트' 기회… AI·바이오·플랫폼 등 기술 진보 빨라질 것", 조선비즈(2020. 5. 11)
　　 https://biz.chosun.com/site/data/html_dir/2020/05/08/2020050802976.html?utm_source=naver&utm_
　　 medium=original&utm_campaign=biz

저소득층은 작은 경기 변화에도 민감하게 반응하며 큰 영향을 받는다는 사실을 정치인은 항상 기억해야 한다. 코로나로 한국 사회의 빈부 격차는 커졌다. 코로나 시대 이전 만들어진 문재인 정부의 소득 주도 성장 정책의 전면적 검토가 필요한 상황이라 하겠다.

> 성태윤 연세대 교수는 "60대 이상은 노인 일자리 사업을 통한 정부의 공적 부조가 집중된 계층이라 소득 증가세를 보였으나 젊은 계층을 중심으로 저소득층은 타격을 입은 것으로 봐야 한다"며 "정부의 공적이전소득으로 어느 정도 메꾸긴 했지만, 저소득층 일자리 몰락에 따른 근로소득 축소가 두드러졌다.[134]

코로나는 강남의 부촌 대신 지방의 외곽 주거 지역을 주로 습격했다. 대구의 한 임대아파트는 통째로 격리조치를 당하기도 했는데 거주자 140명 가운데 46명이 코로나에 걸렸다.[135] 이 임대아파트에 당시 문제가 된 종교단체 신자가 많이 살았다고 하나 그런 사실을 고려해도 이 아파트가 저소득층의 거주지란 사실에는 변함이 없다. 이 아파트는 35년 된 아파트로 한 세대 2명이 입주하도

134 코로나에 하위 10%만 소득 줄었다… 근로소득 3분의 1 감소, 연합뉴스(2020. 5. 24)
   https://www.yna.co.kr/view/AKR20200523045300002?input=1195m
135 신천지 94명 · 확진자 46명… 대구 한마음아파트 어떤 곳, 한국일보(2020. 3. 7)
   https://www.hankookilbo.com/News/Read/202003071378380481?did=NA&dtype=&dtypecode=&pmewsid

록 돼 있어 큰 방을 쓰면 월 임대료가 3만 2000원, 작은 방은 2만 2000원이었다. 이들은 코로나 확진으로 생계에 큰 타격을 입었을 것이다. 미국에서 유학을 하다 코로나에 확진된 이들보다 대구 임대아파트에 살던 코로나 확진자는 생계가 크게 어려워졌을 가능성이 높다. 비단 코로나 확진자뿐 아니라 도시 전체가 코로나로 곤욕을 치른 대구 지역의 자영업자들도 더 큰 위기에 몰렸다.

이제 코로나는 수도 서울의 블루칼라를 노리고 있다. 서울 구로의 콜센터 집단감염이나 경기도 부천의 물류창고에서 확진자가 대거 발생한 점에서 알 수 있듯 코로나19는 근로조건이 열악한 도시의 서민층에게 더욱 위험한 존재다.[136] 서울과 지방, 부유층과 저소득층의 양극화가 코로나 이후에 더욱 커질 개연성이 높다.

팬데믹 여파로 한계상황에 다다른 시민의 삶을 챙겨야 한다는 목소리가 커질 수밖에 없는 상황이다. 코로나 사태가 반복되고 장기화될 경우 양극화는 더욱 커질 것이다. 저소득층의 생활은 더욱 어려워질 것이고 이런 양극화 해소는 포스트 코로나 시대의 핵심 의제로 떠오르게 될 공산이 크다. 감염병 재난이라는 공통의 경험 속에서 양극화 해소에 대한 목소리는 사회적 공감대를 전 계층에서 광범위하게 얻을 것이다.

---

136 [자막뉴스] "터질 게 터졌다"… 쿠팡 물류센터 직원들의 충격적 증언, YTN(2020. 5. 31)
https://www.ytn.co.kr/_ln/0134_202005311152017579

올 1분기 카드 매출은 전국적으로 줄었다. 특히 코로나19의 직간 접적인 충격파가 클수록 소비절벽도 높았다. 2~3월을 통틀어 전국 코로나19 신규 확진자의 70% 가량이 몰렸던 대구가 대표적이다. 이곳의 1분기 카드매출은 전년 같은 기간과 비교해 17.9% 줄었다. 전국에서 가장 감소폭이 크다.[137]

양극화 해소 방안은 우리 사회가 시도해본 적이 없는 전례 없이 강력한 방식으로 진행되어야 한다는 방향으로 사회 여론이 흐를 가능성이 높다. 코로나 디바이드는 단순히 소득 불평등의 문제와 함께 부의 대물림 문제에도 많은 고민을 던지고 있다.

❹ 코로나 에듀케이션 Corona Education

오락 · 문화(-25.6%), 의류 · 신발(-28%), 음식 · 숙박(-11.2%) 지출이 큰 폭으로 줄었다. 웬만해선 줄어들지 않는다는 교육지출 (-26.3%)마저도 코로나19의 영향을 비껴가지 못했다.[138]

---

137 코로나19에 지갑 닫은 대구…언제쯤 소비 살아날까, 헤럴드경제(2020. 5. 24)
     http://news.heraldcorp.com/view.php?ud=20200524000103
138 코로나 만난 소주성, 깊어진 양극화에 서민 더 아팠다, 중앙일보(2020. 5. 22)
     https://news.joins.com/article/23782841

가난은 대물림된다. 오랜 명제다. 부의 불평등은 계층사다리, 즉 부의 대물림 문제와 동전의 양면과 같이 함께 붙어 있는 문제다. 코로나 디바이드, 포스트 코로나 시대가 가져다올 부의 불평등 해결에 대한 요구는 필연적으로 계층 간을 연결해주는 튼튼한 사다리 - 건강한 교육 제도에 대한 논의를 다시 한 번 불러올 것이다.

코로나 국면으로 인해 공교육이 자주 멈춰 설수록, 즉, 공교육 공백 상황이 반복될수록 부의 격차에 따른 교육 불평등도 커질 것이다. 비관적으로 본다면 언택트(Untact, 비대면/비접촉) 시대에 추가적인 비용을 지불할 여력이 되는 중상층 이상의 계층 자녀와 데이터 통신비마저 고민해야 하는 저소득층 자녀와의 교육 격차는 더욱 커질 공산이 크다. 긍정적으로는 기존의 서울 강남 부유층 등에게만 집중되던 질 높은 사교육 시장이 언택트 기술의 보급과 함께 양질의 공공재 성격의 자원으로 전환될 기회가 올 수도 있다.

코로나 에듀케이션에 대한 정부 당국과 정당의 명확한 정책적 밑그림이 필요한 이유다. 한국의 사교육은 1997년 IMF 경제위기 이후 급성장했고 한국 공교육이 정상화되는데 걸림돌로 지적받는 영역을 지나 한국 사회의 공정과 공평의 문제로 비화되고 있다. 대치동 학원가, 목동 학원, 분당 학원버스 등은 불평등한 교육 기회의 대명사가 되었고 부담은 고스란히 온 국민에게 돌아가고 있다. 사교육 논란은 공평이라는 기준 하에 공교육 분야의 규제 일변도를 강화시켜 교육 체계에서 선택의 다양성은 점점 사라지고

보수의 몰락

있다. 공평을 위해 공교육이 획일화되자 사교육은 더욱 기승을 부리는 악순환이 거듭되고 있다. 정부가 다양성을 무시하고 획일적 교육 체계를 만들려고 한 시도는 이제 한계에 부딪힌다.

수백 명의 학생이 같은 교문으로 등교해서 수십 명이 있는 똑같은 규모의 교실에서 같은 시간에 같은 식사를 하는 근대적 교육은 막을 내리게 된 것이다. 팬데믹 시대는 획일적인 기존 공교육 체계를 탈피하라는 요구가 거세질 것이다. 팬데믹이 주기적으로 찾아온다는 일부의 예측이 맞는다면, 그때마다 멈춰서는 거대한 제조업 공장 같은 지금의 공교육 현장은 당연히 바뀌어야 한다.

아이들의 학교가 감염에 가장 취약할 것이라는 세간의 우려를 반영하듯, 2020년 5월 현재 전국의 초중고 학교는 완전히 정상 개학을 하지 못하고 있다. 아이들의 건강─심하면 목숨과 현행 공교육 체계 유지를 교환할 정치인은 없어야 할 것이다. 빈발하는 팬데믹 때마다 교육이 멈춰 선다면 이는 국가 전반적인 손실이 될 것이고, 아이들의 교육 현장이 마비될 때마다 맞벌이 부부, 한부모 가정 등 공교육에 상당 부분 의존하는 중산층과 저소득층은 자녀 교육에 상당한 부담을 안고 가게 된다.

교육은 이제 다양성의 방향으로 가야 하는 길목에 서 있다. 문재인 정부 들어 자사고와 특목고 축소 등 선택의 방향을 축소하는 쪽으로 진행되어온 획일화 위주의 교육 체계는 반발과 한계에 부딪히게 될 것이다. 포스트 코로나 시대, 한국의 공교육은 시민들의 다양한 선택이 가능해지도록 여러 가지 형태를 갖춰야 한다. 학급의 규모, 대면과 비대면, 교육 철학 등 가볍고 다양한 교육 체계가 만들어져야 할 수 있다. 정당은 코로나 시대 교육과 공교육에 대해 새로운 합의와 정책을 만들어내야 하는 시대적 요구를 받게 될 것이다. 가장 민감한 분야 가운데 하나이다.

❺ 코로나 아이러니 Corona Irony
'신산업과 일자리'의 역설은 포스트 코로나 시대에도 유효하다.

> 이미 수백만 개의 일자리가 없어졌고, 당분간 이런 상황이 이어질 것이다. 나의 희망은 많은 사람이 가상 세계에서 새로운 형태의 일자리를 찾는 것이지만, 현실적인 어려움이 커 보인다. 실직으로 인한 고통과 분노가 표출될 가능성이 크다.
>
> 넬 왓슨[139]

포스트 코로나 시대에 국가와 정당은 어떤 산업정책을 택해야 하는 것인가에 대해 전문성을 바탕으로 치열한 논쟁을 할 각오를 해야 한다. 문재인 정부는 미국 민주당의 과거 경제 정책을 연상케 하

---

139 "블랙 스완이 던진 '리부트' 기회… AI · 바이오 · 플랫폼 등 기술 진보 빨라질 것", 조선비즈(2020. 5. 11)
https://biz.chosun.com/site/data/html_dir/2020/05/08/2020050802976.html?utm_source=naver&utm_medium=original&utm_campaign=biz

보수의 몰락

는 '현대판 뉴딜'이란 정부발 대규모 산업 정비 카드를 꺼내들었다.

> 취임 3주년을 맞은 문재인 대통령이 "선도형 경제로 '포스트 코로
> 나 시대'를 개척하겠다"며 "시스템 반도체, 바이오 헬스, 미래차 등
> 3대 신성장 산업을 더욱 강력히 육성해 미래 먹거리를 창출하겠
> 다"고 임기 후반기 국정운영 구상을 밝혔다.[140]

미래 시대에 적합한 산업정책은 과연 어떠한 모습이어야 하는
가. 정부의 강력한 리더십이 다가올 시대에 적합한 것인가. 관료
적인 정부의 리더십이 불확실성이 커지는 안개 속 내일에도 통할
것인가. 분명한 건 포스트 코로나라는 전대미문 사태 속에 산업계
에서 '강력한' 정부의 역할은 필요하다는 점이다.

이 '강력한'이 어떤 것이어야 하는지는 다양한 선택지가 있다.
뉴딜 스타일을 택한 집단이 있다면 다른 선택지를 택하는 집단이
있을 수밖에 없다. '블랙 스완(Black Swan, 전 세계의 경제가 예상하지 못한 사
건으로 위기를 맞을 수 있다는 의미)'의 시대에 정답은 없지만 리스크를 제
대로 검토하는 정치 집단은 크나큰 실패 확률이 줄일 수 있다. 어
떤 형태의 정부가 혁신의 유니콘을 잘 이끌고 세계무대로 올라설
수 있는가에 대해 정당은 깊은 논의를 해야 한다. 산업계의 뜨거

---

140 "세계 산업지도 바꿀 것… 숲국민 고용보험 추진", 디지털타임스(2020. 5. 10)
http://www.dt.co.kr/contents.html?article_no=2020051102100158050001&ref=naver

운 이슈였던 모빌리티 서비스인 '타다'와 관련된 논란을 돌이켜보면 향후 커져갈 정부와 정치권의 역할이 쉽지 않은 선택의 순간에 서게 된다는 것을 생각하게 된다. 새로운 형태의 스타트업 기업을 반대한 정부 여당은 둘째 치더라도, 이런 결정이 내려질 당시 보수 야당은 어떤 대응을 했던가에 대해 이제라도 복기를 해볼 필요가 있다.

> 혁신을 금지한 정부와 국회는 죽었습니다. 새로운 꿈을 꿀 기회조차 앗아간 정부와 국회는 죽었습니다. (중략) 미래의 편에, 국민의 편에 서야 할 정부와 국회가 170만 명의 국민의 이동을 책임졌던 서비스를 문 닫게 합니다.
>
> 이재웅 쏘카 대표[141]

택시 산업과 모빌리티 서비스 가운데 무엇이 옳은 산업인지를 판단하기에 앞서, 정부가 과연 미래 산업에 대한 중대한 결정을 내리는 강력한 권한을 가져야 하는지부터 앞으로의 정당은 고민해야 한다. 포스트 코로나 시대에는 사회 전반의 변화가 폭과 넓이가 클 수밖에 없다고 전문가들이 예측하고 있다. 신(新), 구(舊) 세력의 갈등이 더욱 첨예하고 누가 더 옳을지 누가 더 번성하게 될지 판

---

141 [전문] 이재웅 "정부·국회가 국민의 선택권 빼앗아…참담하다", 한국경제(2020. 3. 4)
   https://www.hankyung.com/it/article/202003046880g

단 자체가 불가능할 수 있다. 다가올 미래에 산업 재편의 운전대를 정부가 가질 것인지, 산업계가 쥐게 할 것인지부터 시작해야 한다.

새로운 산업은 늘 그랬다. 혁신은 역설을 동반했다. 누군가는 사양 산업으로 몰리게 하고, 또 일자리를 뺏기게 되는 사회적인 현상을 가지고 왔다. '한국판 뉴딜'을 추진하겠다는 진보 정부와 아직은 구체화되지 않았으나 향후 포스트 코로나 시대에 걸맞은 산업 정책을 제시해야할 보수 정치 세력, 똑같은 역설을 안고 새로운 시대의 산업 청사진을 제시해야 하는 엄중함 앞에 서 있다.

'정치 리셋 Reset'

❶ 팬데믹 복원력 Pandemic Resilience
❷ 팬데믹 정부 Pandemic Government
❸ 코로나 디바이드 Corona Divide
❹ 코로나 에듀케이션 Corona Education
❺ 코로나 아이러니 Corona Irony

03.

X-민주주의

– 자유, 선택, 공정이 복원되는 사회

코로나 이후의 세상에서 한국 민주주의의 위기가 올 가능성이 높다. 코로나 사태를 지나가고 있는 한국 사회는 여러 곳에서 적신호가 켜져 있다. 한국의 권력구조는 제왕적 대통령제라는 권위주의적 유물 위에 올려져 있다. 문재인 대통령은 취임사에서 "대통령의 제왕적 권력을 나누겠다"고 선언했지만 아직까지 선언 수준에 머물러 있다. 국민적 반대 여론 속에서도 임명이 강행된 조국 전 법무장관 사태에서, 그리고 이 글을 쓰는 동안 더욱 적나라해지는 위안부 피해자 지원 단체 논란에서 권력의 '자기-변호'라는 역대 정권마다 되풀이되는 현상을 또다시 목격하고 있다. 총선 승리 직후 거세진 한명숙 전 총리 재수사 논란도 마찬가지다. 무죄를 상정하고 이미 내려진 법의 판단을 뒤집으려는 거대한 정치 권력의 모습에 많은 시민은 현기증을 느

보수의 몰락

낀다. 법은 민주주의 초석이다. 권력이 법을 무력화시킨다면 그것이 바로 권위주의다. 막강한 힘을 이용해 자기 세력 구하기에 나선 진보 정치 권력에 대해 시민은 분명히 이렇게 손가락질할 것이다.

도대체 누구를 위한
권력인가

　　　　　　　　　　　권력의 달콤함에 취해서는 안 된다. 내 편이라면 어느 정도의 흠결은 모른 척 지나가야 한다는 권력이나, 우리 편이라면 절대적으로 옳다는 권력은 민주주의를 부식시킨다. 그러한 권력은 위험하다. 민주주의에 도전하는 여러 사건들이 어디로 흘러갈지는 쉽게 예측할 수 없다. 여당의 주장처럼 '작은 흠결'이거나 더 나아가 다 '가짜투성이'거나 '왜곡'일 수 있다. 검찰이라는 '무섭고도 집요한 기득권 세력'―심지어 문재인 정부가 요직에 앉혀놓은 검사 집단이 진보의 유력 정치인이 가진 조그마한 흠결을 왜곡·과장·조작해 만든 혹은 만들고 있는 가짜 의혹(Fake)일 수 있다.

정치 권력이 자기 편 구하기에 몰두할 때 시민은 어떤 시선으로 그들을 보고 있을까. 어떤 사건에서는 시민의 판단이 옳고, 어떤 사건에서 시민의 판단은 틀린 것인가. 강력한 '리바이어던'으로 탄생한 진보는 한 손에는 대통령의 제왕적 권력을 움켜지고, 한 손에는 170여 석의 입법부 권력을 들고 있다. 한국의 진보 권력이 시민에게 보여주는 모습은 한국에서 민주주의를 다시금 생각하게 한다. 한국의 권력은 시민 앞에 조금 더 낮고 조심스러울 수는 없을 것인가. 한국의 사상가는 포스트 코로나 시대의 권력 집중에 대한 상당한 우려를 표명했다.

> 우리가 정말 이 시점에서 깊게 생각해야 될 것은 개인과 국가가 정면에서 만나서 각 개개인의 행동을 국가 권력 체계로 수직적으로 편입시키는 그런 체제로 우리가 나간다고 한다면 정권을 진보 세력이 장악하건 보수 세력이 장악하건 결과는 결코 그게 다르지 않습니다. 결국 권위주의로 가는 거예요. 진보 권위주의. 더 나아가서 진보 독재가 충분히 가능한 상황이라고 나는 생각합니다.
>
> 한상진 서울대학교 명예교수[142]

'정권을 진보 세력이 장악하건 보수 세력이 장악하건 결과가 다르지 않는 세상.' 진보 세력이 압도적인 승리를 한 진보 뉴노멀의 시대 문턱에서 노학자가 에둘러 표현한 '진보 권위주의'의 서막을 벌써부터 경험하고 있는지 모른다. 권력이 스스로 옳다는 당위에 빠지면 시민 위에 군림하게 되는 것은 필연적인 결과다. 한명숙

---

142 한상진 "코로나 정치, 권위주의와 독재로 흐를 우려", CBS '시사자키 정관용입니다', 노컷뉴스 (2020. 5. 13) https://www.nocutnews.co.kr/news/5342430

전 총리 재수사 논란은 사건의 진위 여부를 떠나 자기 방어 논리에 심취한 진보의 권력을 보게 된다.

필자들은 한국의 민주주의의 강인한 전통을 믿는다. 그러나 한국의 민주주의는 새로운 권위주의와 싸워야 할지 모른다. 국가와 입법, 사법을 사실상 장악한 막강한 진보 권력의 권위주의를 우려하는 것은 비단 진보 사상가뿐은 아니어야 한다. 민주주의에서 막강한 정치 권력은 늘 감시받아야 한다. 그렇기에 우리는 법이 정해 놓은 테두리 안에서 지금의 정치 권력이 너무나 강력해졌다는 사실을 깨닫고, 오늘의 한국 상황에 대해 경계를 늦추지 말아야 한다. 정치 세계에서 균형 세력 역할을 해온 보수는 '2.5당' 정도의 야당으로 전락했다. 문 정부와 진보 여당은 상대적으로 강력해졌다.

포스트 코로나 시대는 시민에게 많은 자유를 국가에 반납해야 하도록 하고 있다. 시민이 정부와 여당에 힘을 실어준 것은, 헌법적 가치인 대한민국의 주권자인 국민을 위해 국가와 입법 권력을 올바르고 정의롭게 쓰라는 의도이다. 권력 스스로의 보존과 자기 발전을 위해 시민이 부여한 권력이 사용된다면 그것은 권력 남용이 될 것이다. 지금은 경계에 서 있다. 다시 민주주의를 고민해야 하는 시점이다. 진보이든 보수이든 무조건적인 독주는 옳지 않다. 균형이 깨어진 생태계는 그에 상응하는 막대한 대가를 요구한다. 법적 안정성을 깨뜨리는 정치 집단은 앞으로 무엇으로 사회를 유지할 것인가. 그들의 힘으로 사회를 유지할 것인가.

우리는 그런 세계에 살아야 할지 모른다. 사회 지도층 부모의 신박한 컨설팅 속에 명문대를 진학하고 변호사나 의사 등의 평생 전문직을 가지게 되는 세계, 그것이 하등의 문제가 되지 않는 세상. 자신이 옳다고 부르짖는 방식으로 살아왔다면 자신이 도와온 피해자가 배고프고 힘들었다고 그런 방식이 싫다고 호소해도 그 아픔은 외면해도 되는 세상. 거기에서 피해자를 내세워 어느 정도의 경제적 윤택함을 얻어도 되는 세계. 자식의 대리시험이라든지, 유력층 부모들 사이의 자식 인턴 품앗이라든지, 그들 스스로 문제가 없다고 생각하는 흠결에 대해서는 묵인할 수 있는 세상. '우리 편'을 수사하는 모든 공권력을 뭉개버릴 수 있는 힘이 존재하는 세상. 권력을 비판하는 존재들은 여러 명목으로 수사할 수 있는 힘이 충만한 사회. 새로운 권력 집단의 '디스토피아'가 우리 앞에 성큼 다가와 있다. 당신은 어디까지 보았는가. 혹은 보이는가.

앞으로 우리는 권력의 편이면 잘못이 쉽게 용인되는 세상에 살지 모른다. 그렇다면 정말 그것이 민주주의인가. 대의민주주의는 균형이 깨지기 쉬운 정치 체제이다. 주인인 시민은 특정 권력의 비대함을 막아야 한다. 정치의 세계에 균형을 잡아야 하는 세력의 재건이 필요한 때이다. 주권자인 시민들의 기대와 호응에 부합하는 정치 집단이 새로운 생명력을 얻어야 할 때이다. 그것이 지금의 보수일 수도 있고 제3, 제4의 정치 집단일 수도 있다.

노무현 시대에서 형성되어온 오늘날의 진보의 권력은 2020년 완벽히 완성된 상태다. 강력한 힘을 지녔고 포스트 코로나 시대라는 권력을 행사하기 아주 좋은 여건과 시민의 절대적 지지라는 호재 속에 있다. 진보가 정치 집단으로 쌓아온 경륜과 능력, 탄탄한 참호가 되어 있는 시민사회 단체들은 진보 권력이 자신들이 원하고자 하는 방향으로 나라를 이끌어가는 무섭고 강력한 동력이 되고 있다. 진보 진영이 만들어놓은 수많은 진보의 참호가 하나가 되어 뒷받침을 하고, 그 정점에선 거대한 권력이 스스로 독주를 시작할 때 누가 그 권력을 막아설 수 있는가. 우리는 각종 논란에도 침묵하는 진보 진영을 많이 보아왔다. '브레이크 없는 권력', 이미 그 여건은 갖춰졌다.

반면, 보수는 몰락했다. 세력이 미미해진 보수 정당이 새롭게 태어나기 위해서는 민주주의 속에서 다시 거듭나야 한다. 보수에게 가장 필요한 것은 치열한 민주주의 정신이다. 작은 정부와 시장은 하나의 수단일 뿐이고, 따뜻하거나 화끈해야 하다는 것은 수식일 뿐이다. 진보 시즌 1의 실패로 집권한 보수 세력 주변에는 보수-권위주의의 망령이 있었다. 그 망령의 유혹 속에서 보수는 몰락의 길을 걸었다. 한국의 민주주의는 권위주의가 주는 권력의 타락하는 냄새를 잘 알고 있다. 보수는 자신의 잔재를 어서 없애야 한다. 그렇지 않으면 진보 권위주의는 계속해서 보수 한계와 과오를 자신의 자양분으로 삼아서 더욱 성장할 것이다. 이대로라면 보수는 점점 약해질 것이다. 다음 선거에서 지금의 보수 정당이 영남 지역 정당으로 정치적 외연이 더 줄어들 가능성은 무시할 수 없다. 앞으로의 시대는 민주주의가 다시 한 번 정치의 전면에 내세워질 것이다. 포스트 코로나와 변화한 한국 정치 지형은 새로운 민주주의를 요구할 것이다. 시대가 변하고 새로운 시대정신은 새로운 민주주의를 한국 시민에게 부여할 것이다. 그 과정은 지난하고 어렵고, 많은 혼란을 가져올지 모른다. 한국의 민주주의는 언제나 위태롭다는 말은 새겨야 할 이야기다. 절대 권력은 시민 위에 오르려 한다.

아직은 알 수 없는 X. 미지의 것, 이른바 'X-민주주의'가 한국 사회에 요구되는 시점이다. 시민이 주권자가 되고 권력은 시민을 두려워하고 정치 집단은 국민에게 봉사하는 진정한 민주주의 시대가 한국 사회에 와야 할 것이다. 민주주의는 자유, 선택, 공정이 복원되는 사회로 우리 한국 사회를 이끌어야 할 것이다. 아직 떠오르지 않는 태양을 기다리듯 그 실체를 알기 위해서는 조금 더 많은 노력과 시간이 필요해 보인다. 다만 확실한 것은 새로운 민주주의의 'X'를 채워가는 것은 언제나 그랬듯 역사의 주인이자 대한민국을 사랑하는 바로 당신이다. 보수와 진보의 진정한 주권자인 시민이다.

보수의 몰락

Epilogue

20대 80의 정치, 정치 불평등

이제 한국 사회가 고민해야 할 것은 '정치적 불평등'이 될 것이다. 20대 80의 정치적 불평등이 한국에도 다가오고 있다. 20%의 특정 권력 집단에게 80%의 국가 권력이 집중되는 불평등한 정치 세계가 열리고 있다. 정치적 불평등이 초래할 가장 큰 문제점은 시민을 위한 다양한 권력이 급속도로 줄어든다는 점에 있다. 다양성이 사라진 사회에서 민주주의는 충분히 위협받을 수 있다. 한때 균형을 유지하던 정치 권력이 다시 특정 권력 집단으로 모이고 있다. 우리 사회의 새로운 주도 세력이 된 진보 진영으로 많은 권력이 쏠리고 있다. 민주주의는 쉽게 위기에 처한다. 세계의 많은 국가들이 한순간 균형을 잃고, 어느 순간 민주주의 국가 반열에서 이탈한다. 짧은 역사를 가진 한국의 민주주의도 연약한 외연을 가지고 있다. 오늘 한국 정치는 권력 간의 '균형'이 갑자기 깨어진 상황이다. 정치 세계의 균형이 깨질 때 시민은 불행한 상황에 처한 경우가 있었다. 그 시간을 되돌리는 일은 엄청난 시련과 고통이 따랐다. 권력이 집중된 진보 진영은 국가의 기반인 헌법을 바꾸겠다고 공공연히 이야기하고 있다. 헌법은 권력의 독주를 묶어두는 안전한 쇠사슬인데 국가가 헌법을 고치고 권력 기관이 시민에게 권력을 행사하는 방식을 바꾸겠다는 것이다. 행정부와 입법부를 장악한 진보 진영의 독주가 우려되는 현상이 아닐 수 없다.

한국의 권력은 본질적으로 '위험한 야수'다. 진보 진영은 자신의 약속을 지키지 않고 있다. 많은 전문가들이 한국 권력 구조의 가장 큰 문제점이라고 지적해온 '제왕적 대통령 권력'. 문 정부가 이를 제대로 내려놓겠다는 소식은 여전히 들리지 않는다. 벌써 집권 말로 문 정부는 달려가고 있다. 진보의 압도적인 총선 승리로 시작된 21대 국회도 비슷한 상황이다. 진보 진영 쪽으로 입법 권력을 더욱 집중시키겠다는 이야기만 들려오고 있다. 지금까지 여당과 야당의 '갈등적 균형'이 유지되어온 입법부는 또 다른 모습으로 바뀔 것이다.

진보 여당 중심의 강력한 입법 권력으로 재편성될 것이다. 그것이 한국의 민주주의에 부합할 것인지, 아니면 한국의 권력 기관을 장악한 진보 진영 집단의 권력을 강화하고 보호하는 방향으로 치우치게 될 것인지를 유의 깊게 관찰해야 한다. 현 단계의 기우일 수 있지만 대통령과 강력한 입법부의 합작은 권력자나 권력 집단으로 하여금 예상치 못한 유혹에 빠져들게 할 가능성이 높다. 힘을 가진 집단이 스스로 자기 절제와 자기 정화를 하기는 어려울 것이기에 이 집단의 내일을 걱정하는 시선은 늘어가고 있다. 한국 사회는 이미 정치적 불평등의 시대를 맞이하고 있다. 80의 힘을 가진 소수의 진보 권력으로 인해 권력의 균형이 깨졌다. 대한민국의 권력 구도가 변모하고 있다.

문제는 하나의 단일 집단인 진보 권력이 시민 80%의 다양한 정치·사회적 요구를 제대로 담아낼 수 있을 것인가 하는 점이다. 포스트 코로나 시대라는 급변하는 사회에는 전혀 경험하지 못한 새로운 요구가 봇물처럼 터져 나올 것이다. 사회적 이슈의 다양성을 소화해 대리하고 이를 해결하고 이끌어갈 새로운 정치 집단과 혁신적인 정치인이 필요한 시대다. 이 책을 읽는 당신은 진보 진영의 정치인 선발 기준이 자신의 진영에 대한 '충성심'이거나, 반대 집단을 몰아칠 '거센 공격력'에 치중되고 있다고 느낀 적이 있을 것이다.

진보 진영을 위한 집단 논리가 시민을 위한 정치보다 우선할 때, 입법 권력을 장악해나갈 진보 정당은 시민과는 별개의 무소불위의 권력 집단이 될 것이다. 견제 받지 않고, 대리되지 않은 권력은 새로운 정치적 문제를 낳을 것이다. 시민의 목소리가 반영될 정치적 공간이 축소되거나 사라지는 것이 제일 큰 문제다. 압도적인 권력 집단은 소수 시민의 목소리에 쉽게 귀를 기울이지 않을 것이란 점에서 한국 대의민주주의의 오늘을 어둡게 한다. 더욱이 진보 여당은 당과 다른 목소리를 내는 진보 진영 정치인에게 징계를 내리는 등 스스로 정치 세계의 다양성을 통제하고 축소하고 있다. 정치적 불평등이란 짙은 먹구름이 한국 정치에 어두운 그림자를 드리우고 있다.

이 책은 보수 정당의 몰락과 실패에 대한 이야기를 대중의 시선에서 최대한 쉽게 쓰려고 했다. 보수 집권기 9년의 역사에서 보수 정부와 보수 정당이 범한 과오 부분을 두드러지게 다루고 이를 성찰하고자 했다. 한국의 주도 세력이던 보수가 어느덧 보수의 소멸을 걱정할 정도로 몰락하게 되었는지에 대한 정치사회적 고찰을 위해서였다. 노무현 시대 이후 들어선 보수 정부들의 패착을 분석하면서 그들에 대한 정치적 불만으로 집단화된 거대한 신흥 집단을 발견해냈다. 보수 혐오라는 독특한 정서를 가진 'No보수'는 한국 정치를 흔드는 거대한 여론 지형이자 '기울어진 운동장' 그 자체다. 고도화된 디지털 세계가 No보수 세력에게 강력한 힘을 줬다. 보수 세력은 정치적 상상력의 부족으로 새로운 사회 현상을 제대로 짚어내지 못하고 있다. 보수의 선거 전략은 잘못 짜여졌고 보수의 기대와 예측과는 달리 진보 세력 견제는커녕 전국 선거에서 참패를 거듭해가고 있다.

진보는 영리했다. 진보는 오랜 시간 민심이 집결하고 이반하는 한국 여론 지형의 집단 동학에 대해 연구하면서, 그에 효율적으로 대응하는 자신들만의 정치 전략을 완성시켜 왔다. 진보는 보수 진영의 약한 고리를 지속적으로 공략하는 새로운 정치 책략도 만들

보수의 몰락

어냈다. '역사'와 '혐오'를 덫으로 사용하는 그들의 전략은 현재의 보수 세력을 여론의 관심 밖에 철저히 묶어두는 강력한 전술이 되고 있다. 진보는 여기에 머물지 않을 것이다. 현재의 기울어진 여론을 이용해 보수 세력을 더욱 약화시킬 것이다. 진보의 전투에는 타협이나 정전 협정은 존재하지 않는다. 진보는 오늘날의 정치·사회 현안 등을 해결하는 정책 능력을 고민하기보다는 자신들이 고안한 고도의 정치 전략으로 한국 정치에서의 압도적 우세를 이어가려 할 것이다. 지금처럼 약해진 보수의 상황에서는 보수 정치인들은 진보 진영이 만든 덫에 하나둘씩 정치적 생명력을 잃어갈 수 있다.

진보는 보수가 생각한 것보다 강력하다. 지금까지의 어느 정치 세력보다 여론을 활용하는 강력한 정적 제압 능력을 갖춘 정당이 오늘날의 진보 정치 세력이다. 진보로 쏠린 권력 집중 현상은 민주주의에게는 독약이 될 수 있다. 시민은 자신의 요구를 대리해줄 다양한 '대의 집단'을 점점 잃어갈 것이다. 견제 세력이 사라진 국회는 진보 진영의 힘을 강화시키는 방향으로 입법 권력이 운영될 가능성이 높다. 진보 진영이 집중하는 검찰 개혁 문제나 과거사 문제 해결, 언론 개혁 그리고 대북 문제 등이 주요 의제로 떠올라 다른 이슈를 집어삼킬 가능성이 높다. 다양한 시민을 위한 정치가 사라지고 그 자리를 진보 정당에 의한, 진보 정당을 위한 정치가 막이 오를 것이다. '정치적 불평등'이 중요한 문제로 떠오를 것이다. 시민의 목소리는 외면 받을 것이고, 반대 정치 세력은 진보가 자신의 집단에게 유리하게 바꾼 정치 게임의 룰에 따라 더욱더 위축되다가 종국에는 사라질 운명에 처할지도 모른다. 한국의 민주주의 위기가 내일의 문제가 아닌 것이다.

이 책을 쓰는 데 큰 도움을 준 광화문경제사회연구소의 외부 위원들에게 감사의 말씀을 드리는 바이다. 학술모임에서 나온 외부 위원의 날카롭고 현명한 지적이 이 책을 여기까지 이끄는 데 큰 힘이 됐다. 일일이 이름을 거론 드리고 도움 준 부분을 밝히지 못한 점, 너그러이 양해를 부탁한다. 광화문경제사회연구소는 올해 가을 출간을 목표로 새로운 저술을 준비하고 있다. 많은 응원을 부탁드린다. 이번 책에 대한 건설적인 비판은 속편에 반영할 예정이다. 다시 한 번, 긴 글을 읽어주신 여러분께 심심한 감사를 드린다.

끝으로 척박한 토양 속에서도 미래학을 국내에 널리 알린 KAIST 문술미래전략대학원 여러 은사님과 동기에게도 고마움을 전한다. 너무나 빨리 우리 곁을 떠난 故 이민화 교수님, 그의 가르침은 이 순간에도 우리 제자들이 세계와 한국의 격동적인 변화를 심층적으로 이해하고, 혁신 담론을 한국 지형에 적용하는 데 묵직한 지표가 되고 있다. 졸고 또한 그의 혁신적인 사상과 열정적인 삶을 다시금 되돌아보는 작은 계기가 되길 바란다.

보수의 몰락

부록

'보라색 강남벨트'

– 2020년 국회의원 선거 분석[1]

- 광화문경제사회연구소 (KWHI)

2020년 4월 15일, 한국의 보수 정치세력은 궤멸할 정도의 깊은 타격을 받았다. 보수 세력에게는 거대한 재난과도 같은 선거 결과였다. 건국 이래 70여 년을 대한민국의 중심 세력에 있던 보수 세력이 서울, 경기 등 수도권, 그리고 '스윙 스테이트[2]'인 충청 등에서 완패했다. 보수 세력은 TK, PK를 대변하는 지역 정당으로 정치적 영향력이 줄어들었다. 수도 서울에서 보수 세력이 10석도 건지지 못하며 정치적 영향력을 잃어버린 것이다.[3]

---

1 본 연구소가 2020년 5월 비정례 모임에서 논의한 발제문을 요약·발췌한 것이다.

2 스윙 스테이트(swing-state): 경합주(競合州)를 의미. 선거에 따라 지지하는 후보나 특정 정당이 달라지는 지역으로 선거인단 독식제인 미국의 경우 대통령 선거 결과에 큰 영향을 미친다.

3 21대 총선에서 서울 지역구 49석 가운데 더불어민주당은 41석을, 미래통합당은 8석을 얻었다. 2000년대 들어 치러진 총선에서 진보 진영은 서울에서 대략 30석 정도를 유지하는 우위를 보였다. 다만 2008년 총선의 경우는 보수 세력인 한나라당이 서울에서 40석을 얻었다.

누구도 모르게 갑작스러운 것이었을까. 선거 운동 기간 여론조사 공표 금지 기간에도 선거에 뛰어든 여당과 야당은 꾸준히 정밀한 선거 예측을 진행했고, 결과는 지도부에 전달되었다. 총선 패배 예측이란 보수 몰락의 경고음은 단순히 신호로만 남았고 보수 지도부는 몰락의 결과를 바꾸지 못했다. 게다가 최악의 예측선―개헌 저지선에 겨우 턱걸이하는 초라한 성적표를 받아들고 말았다.

보수 정치 세력의 참패 원인을 지도부의 리더십 부족이나 일부 인사의 막말, 코로나 팬데믹 사태, 보수 진영 음모론 등으로 단편화해 진단하기에는 보수 세력이 안고 있는 병증이 그리 간단하지 않다. 바로미터는 민심을 반영하는 전국 단위의 선거다. 보수는 지난 4차례의 선거에서 진보 진영을 이겨본 적이 없다. 2016년 4월 총선을 기점으로 보수는 전국 단위 선거에서 이렇다 할 활약을 보이지 못했다. 정확하게 이야기하면 보수는, 민심 즉 유권자의 마음에서 서서히 멀어져왔다. 한국 정치의 중심이라 자부하던 보수에 언제부터 돌이킬 수 없는 균열이 생긴 것인가.

무시된 경고음

재난이나 위기는 갑자기 찾아오지 않는다. 적어도 수십 차례의 강한 경고와 셀 수 없을 정도의 약한 징후 뒤에 벌어지는 것이 재난이다. 재난 예고 법칙으로 잘 알려진

보수의몰락

'하인리히 법칙'이다. 한 번의 큰 재난은 29번의 경고를 무시한 뒤에 일어난다는 것이 1930년대 미국의 산업 재해를 관찰한 영민한 학자의 눈에 발견된 것이다. 이 법칙의 중요한 통찰력은 재난 사태를 예방하려면 경고 신호는 절대 지나쳐서는 안 된다는 것이다.

보수 세력은 경고음 와중에도 궤멸을 피하지 못했다. 유권자가 갑자기 돌변한 것도 아니다. 지난 7년간 보수 세력은 균열하고 녹아내리는 빙산 위에 서 있었다. 보수 세력은 2016년 말 나락으로 떨어졌다. 그리고 3년여의 시간이 흘렀다. 이 시간이 짧다고 할 수는 없을 것이다. 이 시간 동안에도 보수 세력이 위기를 피하지 못한 원인을 면밀히 살펴볼 필요가 있겠다.

한국의 어느 지역이 중요하지 않을까 싶지만 현대의 대한민국은 서울의 나라라 할 정도로 수도 서울은 국가의 중추적인 역할을 하고 있다. 21대 총선의 유권자 4399만여 명 가운데 서울의 유권자 수는 846만 5419명이었다. 전국 유권자 5명 가운데 1명이 서울 사람이다.[4] 수도권인 경기도의 유권자는 1106만 1850명으로, 서울과 경기도의 유권자는 전체 44.5%에 달한다. 2명 가운데 1명이 서울, 경기 유권자인 것이다. 지역주의가 고착화된 한국 정치 지형에서 선거에서 서울·경기 등 수도권의 동향은 선거의 향방을 결정해왔다. 2000년대 이후 치러진 6번의 총선에서는 진보 세

---

4 21대 총선 유권자 4400만..4.5% 늘어, 한국경제(2020.4.5)

력이 대부분 서울에서 우세를 점해왔다. 다시 이번 4.15 총선을 면밀히 들여다보면, 집권 진보 세력은 92석을 서울·경기에서 얻었고, 인접한 인천의 11석을 합하면 103석을 차지했다. 이는 보수 세력이 이번 총선에서 비례의석까지 합해 얻은 총 의석수 103석과 동일하다. 이에 반해 보수 세력[5]은 수도권(서울, 경기, 인천)에서 16석을 얻었고, 수도 서울만을 보면 8석을 얻는데 그쳤다. 의석이 확대되어 지금의 300석과 규모가 유사해진 1992년 총선 이후 서울에서 보수 세력이 10석 미만의 의석을 얻은 경우는 처음이다.

보라색 강남벨트

총선에서 거대 정당의 상징색은 파랑과 분홍이었다. 파란색은 진보인 더불어민주당, 분홍색은 미래통합당이 내세운 색이다. 선거 결과 정보를 그래픽(그림)으로 표현하는 방식은 선거에 대한 직관적인 평가를 가능하게 하는데 많은 도움이 된다. 선거 그래픽 방식에 따르면, 진보가 획득한 곳은 파란색 지역으로 표시되고, 보수가 얻은 지역구는 분홍색으로 나타낼 수 있다. 서울은 파란 지역이 41곳, 분홍 지역이 8곳으로 그려질 수 있다.[6]

---

5   인천의 무소속 당선자인 윤상현 의원은 보수 세력이지만 미래통합당 공천에서 떨어지자 무소속 출마를 강행한 점을 감안해 집계에서 제외했다. 이를 포함해도 서울, 경기, 인천에서 보수가 획득한 의석수는 미래통합당 16석에서 1석 증가한 17석에 그치겠다.

6   민주당, 서울 49곳 중 41곳서 유력… 통합당, 영남 90% 가져가, 조선일보(2020.4.16.)
    http://news.chosun.com/site/data/html_dir/2020/04/16/2020041600318.html

전국 지역구 1위 현황 16일 5시 30분 현재

● 더불어민주당(더) 163　● 미래통합당(미) 184
● 정의당(정) 1　● 무소속(무) 5

서울　더 41　미 8

도봉을
오기형(더)

노원병
김성환(더)

도봉갑
인재근(더)

노원을
우원식(더)

강북갑
천준호(더)

노원갑
고용진(더)

은평을
강병원(더)

강북을
박용진(더)

성북을
기동민(더)

충남갑
박홍근(더)

은평갑
박주민(더)

서대문을
김영호(더)

성북갑
김영배(더)

동대문갑
안규백(더)

중랑갑
서영교(더)

강서을
진성준(더)

강서병
한정애(더)

마포을
정청래(더)

서대문갑
우상호(더)

종로
이낙연(더)

중·성동을
박성준(더)

동대문을
장경태(더)

광진갑
전혜숙(더)

강동을
이해식(더)

강동갑
진선미(더)

강서갑
강선우(더)

양천갑
황희(더)

영등포갑
김영주(더)

마포갑
노웅래(더)

용산
권영세(미)

중·성동갑
홍익표(더)

광진을
고민정(더)

송파갑
김웅(미)

양천을
이용선(더)

구로을
윤건영(더)

구로갑
이인영(더)

영등포을
김민석(더)

동작갑
김병기(더)

동작을
이수진(더)

서초갑
윤희숙(미)

태구민(미)

강남병
유경준(미)

송파을
배현진(미)

송파병
남인순(더)

관악갑
유기홍(더)

강남을
박진(미)

금천
최기상(더)

관악을
정태호(더)

서초중
박성중(미)

2020년 국회의원 선거 결과 (서울) (조선일보 재인용)

　이렇듯 300석의 국회의원 지역구 선거는 승자독식이다. 한 선거구 내에서 다른 후보보다 많은 득표를 한 쪽이 지역구를 가져가는 방식이다. 그 결과 지역구 내에는 다른 후보들이 얻는 표 즉, 죽은 표, 사표가 생기게 마련이다. 사표를 분석하면, 선거 민심을 조금 더 면밀히 뜯어볼 수 있게 된다. 이번 총선에서 보수가 참패한 서울에서 눈에 띄는 곳이 자주 회자되는 '강남벨트'다. 서울에서 보수 세력이 지킨 8곳, 그 가운데 7곳이 강남 지역에 있다. 이 때문에 "강남벨트 + TK = 보수 우세"라는 세간의 인식이 더욱 공고해지게 됐다. 앞서 언급한 그래픽 방식을 적용해 보수의 아성, 보수의 보루로 불리는 서울 강남의 민심은 어떠한가를 살펴볼 수 있다.

'강남벨트'가 실제 순도 높은 분홍색인가를 살펴보자는 것이다. 20년이 넘는 동안 보수 세력이 강세를 보여 왔지만, 강남 지역은 사실 정치 전략에 의해 인위적으로 탄생한 보수의 요새이다. 거기에 서울 강남 지역의 눈부신 발전이 밑바탕이 되면서 많은 이들의 뇌리에는 '강남벨트=보수'라는 공식마저 있을 정도다. 서초 · 강남 · 송파의 지역구를 아우르는 강남벨트는 1996년 총선을 통해 본격적인 보수의 교두보로 탄생했다. 당시 선거에서 보수는 강남지역 7개 선거구에서 6곳에서 당선된 후 강남벨트는 보수의 교두보로 자리매김해왔다.

'보수의 요새'로 불린 강남 역시도 물밑 표심은 과거와 다른 것이 2020년 오늘의 표심이다. 강남벨트의 외곽도 진보와 보수가 혼전을 거듭하는 격전지로 변해왔다. 2010년대부터 나타난 현상이다. 20대 총선에서는 강남구을에서 진보 세력이 깃발을 꽂았다. 진보의 24년 만의 탈환이었다.[7] 21대 총선에서는 보수가 가까스로 해당 지역을 탈환했으나 강남벨트에 진보 바람이 드센 것은 부인할 수 없는 보편적인 현상이다. 강남 지역의 투표 결과를 보면 보수 세력지지 표심이 진보 세력으로 상당 부분 옮겨가고 있다는 점이 확인된다. 보수의 아성도 진보의 파란 물결에 서서히 잠식되고 있다는 점은 부인하기 어려운 사실이다.[8]

7 야당 불모지 '강남을'에서…전현희, 24년만에 기적을 일구다. 아시아경제(2016.4.14)

8 파란색으로 물든 당선자 지도? 민심은 '보라색', 조선일보(2020. 4. 25)

보수의몰락

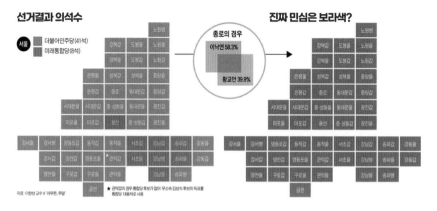

보라색으로 물든 강남벨트 (조선일보 재인용)

지난 총선에서 진보세력에게 표를 줬던 강남구 을의 민심도 이제 강남벨트도 보수에게 더 이상은 호락호락한 곳이 아님을 보여주고 있다.

일부에서는 이번 선거의 최대 이변으로 강남구 을을 꼽는 곳이 있을 정도로 강남구 을은 보수 세력에게 쉽지 않은 곳이었다. 사전투표만을 보면 진보 후보가 이기는 결과였으나, 총선 당일 최종 투표 결과 4천 6백여 표 차이로 보수 후보가 신승을 거뒀다. 2004년 이후 보수 세력이 지역구를 얻었던 송파구을도 강남구을과 비슷한 상황이다. 2016년 총선과 2018년 재보궐 선거에서 잇따라 진보 진영에게 깃발을 넘겨준 지역이다. 송파 지역은 보수가 2016년 지역구를 12년 만에 진보 후보에 내준 후 이번 총선에서 가까스로

탈환한 강남벨트 지역이다. 2012년 이후의 꾸준히 진행된 강남벨트의 일부 이탈 혹은 강남의 균열은 유의 깊게 봐야 할 지점이다. 보수 세력이 생각하는 난공불락의 요새인 강남벨트도 사실은 천혜의 요새가 아니라는 점을 상기해야 하는 상황이다.

'보라색' 강남벨트는 이미 수년전부터 진행되어 왔다. 보수의 강성이 사라지는 '보라색'이 오고 있다. 보수 세력이 강남 유권자들에게 새로운 정치적 집결 현안을 제시하지 않는 이상 강남벨트에서의 보수 유권자의 이탈은 더욱 심해질 것이다. 보라색이 된 강남벨트를 보수의 인큐베이터로 쓰는 기존의 공천 전략은 21대 총선을 끝으로 보기 힘들어질 것이다.

파란 나라, 대한민국

역대 총선에서 21대 총선처럼 일방적인 게임은 없었다. 총선 결과 나라는 진보의 상징색인 파랑으로 넘실거리게 됐다. 파란 나라, 대한민국. 진보의 압승이 완연히 두드러진 2020년이다. 21대 총선은 '슈퍼 진보' 여당을 탄생한 선거다. 연합형 비례정당 의석까지 합하면 진보 여당은 180석을 확보했다. 압도적인 결과였다. 200석이 필요한 개헌을 빼고는 입법 권력을 당론에 따라 좌지우지할 수 있는 엄청난 정당이 된 것이다. 진보의 물결이 넘실대는 파란 나라. 언론에 공개된 '카토그램' 방식의 지도를 보면 파란 물결이 대한민국을 잠식한 것을 알 수 있다.[9] 이는 오래 전부터 진행되어온 현상이다. 21대 총선에서 보수가 받아든 참패는 오래된 잠식에 따른 결과로 볼 수 있다.

카토그램으로 본 의석수 변화

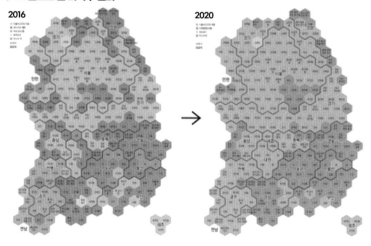

출처 : 조선일보, 재인용

9 정치 지형 완전히 변했다… 범여 190석, 범야 110석, 조선일보(2020. 4. 16)
http://news.chosun.com/site/data/html_dir/2020/04/16/2020041601362.html

보수의 **몰락**
'No 보수'의 탄생

발행일 2020년 7월 10일 초판 1쇄

지은이 김종훈 · 육덕수
발행인 고영래
발행처 (주)미래사

주소 서울시 마포구 신수로 60, 2층
전화 (02)773-5680
팩스 (02)773-5685
이메일 miraebooks@daum.net
등록 1995년 6월 17일(제2016-000084호)

ISBN 978-89-7087-332-9 03340